史學研究叢書·歷史文化叢刊

早期羌人居徙研究

武剛　著

目次

第一章
早期羌史的概念及其史學價值

　　有關羌人族群最早的文字記載，來源於甲骨卜辭，但卜辭中記述的羌人族群、方國與西周金文、秦漢時期的史籍等記載存在著較大的差異性和不連貫感，羌人族群的早期史料存在著較為嚴重的碎片化現象。針對這種羌族史料中的割裂感，本文在學術界既往研究的基礎上提出應將商周時期的羌人族群歷史視作一個整體，可稱之為「早期羌史」。早期羌史概念的理論基礎來自於在學術界得到深化的「東羌」概念，東羌與傳統的「西羌」概念不同，研究主體為為較早進入中原居住在我國東部地區的羌人族群。重視早期羌史的整體化研究有其必要性，早期羌人在商周國家的制度建設方面起了較為重要的作用。這一命題也有助於深化傳統史學命題中的夷夏問題和族群遷徙等問題。本文希望能夠借此打破傳統「羌人居於西方」的觀念，重視商周時期居住於東部地區與中原王朝廣泛交流的羌人族群的歷史研究，為早期羌人族群歷史的系統化研究做出一些探討。

一　引言

　　羌族是生活在我國西部的古老民族，羌史記錄較為詳細的早期文獻《後漢書》〈西羌傳〉對兩漢時期的羌漢關係記載尤其周詳。上世紀以來在甲骨卜辭中能見到以「羌」為名的部族方國，這與《詩經》〈商頌〉中「氐羌」族群的描述相吻合，極大地拓展了有文字記載的羌族史研究視野。出土青銅器中也陸續能見到商周時期的「羌」形族

徽和銘文記錄，可以與《尚書》〈牧誓〉中記載的史事對應。懸泉漢簡等新材料的出土更是極大的豐富了學術界對漢代羌人族群及羌漢關係的認識。

近年來，隨著出土材料發掘釋讀工作的進展與羌族史相關各學科的發展，先秦兩漢時期的羌族史研究不斷得到深入。與此同時，學術界也越發注意到商、周、秦漢以及後世的羌人族群史料在各個時期都存在著較為嚴重的碎片化現象，這使得早期的羌族歷史也存在著較為嚴重的割裂感。

得益於學術界對甲骨文與殷商史研究的重視，卜辭中大量存在的羌與羌人方國問題得到較多關注，針對其族群性質、地望等研究成果十分豐富。與之形成鮮明對比的是進入西周時期以來，除《尚書》〈牧誓〉中寥寥記錄以外，羌人族群幾乎不見於傳統史籍記載。羌史的研究者們往往以《後漢書》〈西羌傳〉中有關「戎狄」的記載代以羌族史料。即便如此，古籍中的戎狄部族能否與羌人族群等同視之，也仍是一個需要深入探究的問題。因此有學者也提出疑問：羌人在西周史料中消失了。近年來，在西周時期的青銅器銘文上能見到一些有關羌人的簡略記述，學術界往往將其放置在西周史、分封制等視角下進行研究，但鮮有將其與前後各時期的羌人史料進行系統分析與對比的作品。

秦漢以後的羌史研究資料逐漸豐盈，這既得益於〈西羌傳〉中的詳細記錄，也受益於近年以來出土漢簡的補充與說明。漢代的羌人族群主要分布於河湟、金城一帶，即今天的甘肅省西部、青海省東部地區，故漢代史料往往稱之為「西羌」，《說文解字》也釋羌為「西戎牧羊人」。這代表了漢代以來對羌人生活在我國西部地區的固有認知。然而〈西羌傳〉中同時記述的「東羌」部族卻多未受到後世研究者的關注。馬長壽、陳琳國等學者針對這一問題指出東羌與西羌族群不

同，表現為不僅在地理分布上一東一西，在族群遷徙及來源上可能也
有所不同；東羌族群在先秦時期可能就已經生活在我國東部地區。

這既是對春秋戰國時期羌人族群歷史研究的一個進展，同時也表
明學術界對先秦時期羌人族群的歷史認識上的分歧。對於商代卜辭中
大量的有關羌、殷戰爭、祭祀的卜辭材料，孫詒讓、吳其昌、郭沫若
等學者都對卜辭中的羌是否與後世有別這一問題沒有提出異論。換言
之，在卜辭中羌人資料的發現伊始，學術界習慣性的認為商代與後世
羌史是一個連續性的歷史進程。在甲骨卜辭的認識和研究深化後，有
學者指出卜辭中的羌有廣義和狹義之別。廣義的羌指西方的牧羊人，
狹義的羌則指代卜辭中的特定方國羌方。這實際上提供了看待商代羌
人族群的兩個視角。針對這兩種不同視角，亦有學者指出關商、周時
期的羌人與秦漢羌人並沒有明顯的關係。也有觀點更進一步，表明商
周時期的羌是對異族的代稱，是一種概念學說法，那麼這自然就與後
世的羌史無關。

從這些對先秦時期羌史材料的認識研究與分歧中，我們不難看出
卜辭、金文、漢簡以及史籍中各種羌史記錄存在著非常明顯的割裂現
象，學術界也試圖解釋和調和史料中的斷裂與差異。因此，本文在梳
理了先秦時期羌人族群問題的研究後，針對商、周、秦漢以及後世羌
人族群歷史研究的這種碎片化現象，提出「早期羌史」這一概念，強
調我們要認識到殷商甲骨卜辭中的羌方、商周銅器銘文中的羌與秦漢
以後的羌人存在較為明顯的差異，不應囿於「西羌」這一傳統觀念，
應當重視先秦史料中居住於我國東部地區那些與中原王朝長期互動的
羌人族群的整體化研究。

二 商周羌人族群的探究：早期羌史概念的討論背景

「羌」的稱呼最早可以見諸於甲骨卜辭中的羌方，卜辭中的羌形，羅振玉、王國維較早的就判定為「羌」字。于省吾先生謂「羌字構形的由來，是古代華夏部落的人們見到羌族人民有戴角的風尚，因而在？（人）的上部加上雙角，遂造出羌字。」[1]卜辭記載羌人曾與殷人進行了長期的作戰，對於商代的羌與羌方的相關問題，學術界進行了長期的關注和討論，在很多問題上達成了共識，在有些角度上仍存在較大差異。

(一) 對商代卜辭中羌人族群的研究和認識

商代羌人族群研究的第一個問題是羌和羌方的關係。在卜辭研究中，有關羌人戰爭、婚姻、祭祀的材料非常豐富。在甲骨卜辭中「羌」字字形隸定之後，學術界並未注意到「羌」在甲骨材料中的廣泛性，不自覺將這些殷商時期的羌人與後世史料中的羌史聯繫在一起，認為這是後世羌史的源頭。在對卜辭進行深入研究後，可以發現商代祭祀行為中使用羌人極為頻繁，但這種現象卻鮮見於同樣與羌人遭到征伐、鎮壓的其他方國部族，因此針對卜辭中的「羌」人族群性質問題，漸有學者提出質疑。

陳夢家先生很早就發表了論點：「羌方應理解為一流動的遊牧民族，羌是他們的種姓。」[2]這一觀點對學術界影響很大，為後來很多學者所承襲。李學勤先生繼而在《殷代地理簡論》中明確表示：「羌」與「羌方」有廣義與狹義之分，「羌」是商人對西方異族的泛

---

1 于省吾：〈釋羌、苟、敬、美〉，《吉林大學社會科學學報》1963年第1期，頁50。
2 陳夢家：《殷虛卜辭綜述》（北京市：中華書局，2004年），頁281。

稱，與東方異族人稱「夷」相對，「羌方」則專指羌地的一個方國。[3]
這一史觀使商代羌史的認識開始明晰化，羅琨先生就明確表示，屬於
羌人的方國有多個。[4]鍾柏生則指出羌是「商人對後來戎狄之人的稱
呼，以其姓氏來代表其族類」，這一觀點與島邦男恰好相反。卜辭中
的羌有廣義與狹義之別，這一學術觀點的成熟表明學術界已經認同商
代的羌人方國主要為羌方，但不僅限於此，卜辭中的「北羌」「馬羌」
「羌龍」等方國都有可能屬於羌人族群。而廣義的羌人族群與後世的
史料中同樣具有廣義屬性的「戎狄」稱呼有何同異，則仍然存在爭議。

　　商代羌人族群研究的第二個問題是商代羌方的地望問題。儘管商
代的羌有廣義和狹義之分，但在卜辭中記述最多的方國就是殷代的羌
方。總體來說，學術界認同羌方的地望在殷的西部地區，但對其具體
方位的認識則各有差異。

　　對這一問題較早做出探究的董作賓認為羌方在殷的西部，具體來
說在殷西北方國「𡿧方」更西的地區。[5]陳夢家在《殷虛卜辭綜述》中
則明確指出晉南豫西是羌方的分布地區，同時也包括陝西大荔（羌白
鎮）等地區，能夠與卜辭中的描述相對應。[6]此後，鄭傑祥秉承陳夢家
說，將商代羌方的活動範圍限定在在今山西省南部的介休縣和東部的
大荔縣一帶。[7]鍾柏生對晉南豫西說有所補充，認為其分布於殷的西
方，山西中南處；也分布在殷的東方、北方，即山西東南部、河北西
南角、河南東北角一帶。[8]不外於此，白川靜、羅琨、王慎行、林歡

3　李學勤：《殷代地理簡論》（北京市：科學出版社，1959年），頁80。
4　羅琨：〈殷商時代的羌和羌方〉，《甲骨文與殷商史》第三輯（上海市：上海古籍出
　　版社，1991年），頁419-422。
5　董作賓：〈殷代的羌與蜀〉，《說文月刊》1942年第7期，頁104-105。
6　陳夢家：《殷虛卜辭綜述》，頁281。
7　鄭傑祥：《商代地理概論》（鄭州市：中州古籍出版社，1994年），頁314。
8　鍾柏生：《殷商卜辭地理論叢》（新北市：藝文印書館，1989年），頁177。

等學者的論述都在不同程度上同意和修補了晉南豫西說。這表明經由長時間討論，商代的羌方分布於晉南豫西地區目前已是學術界共識。

　　商代羌人族群研究的第三個問題是商代羌方的來源問題。目前來看，在陝、甘交界地區分布的劉家文化和碾子坡文化被認為與羌戎部族有著類似特徵，很有可能就是羌人族群遺址。陝西周原考古隊在對兩處遺存進行了分析後就明確表達了這一觀點。[9]張天恩先生亦在其專著中專章進行論述[10]，同時也指出殷墟卜辭一二期中的羌族文化不會處於覆蓋了晉南和關中的商文化分布區，關中西北部的先周文化也並非羌文化，陝晉高原的李家崖文化可能包括了鬼方和工方文化，也與羌文化無關；而甘青地區的寺窪、辛店、卡約諸文化，雖然是羌文化，但遠離商文化分布區與之發生戰爭可能性不大，因此也不是一二期卜辭中的羌文化；關中西部和甘肅東部的劉家文化與涇水中游的碾子坡文化，則有可能是羌文化的一支，也與卜辭相符合。[11]從這一角度來看，許多專家認為羌方在陝西西部或更遠的說法是較為合理的。

（二）西周時期羌人族群的遷徙問題

　　《尚書》〈牧誓〉中記載：「我友邦冢君御事，司徒、司馬、司空，亞旅、師氏，千夫長、百夫長，及庸、蜀、羌、髳、微、盧、彭、濮人，稱爾戈，比爾干，立爾矛予其誓。」[12]這表明至少在西周初期羌人族群與周人存在著較為密切的關係。然而在西周史料中卻極少能見到羌人族群的記載。因此有學者提出了一個疑問：羌族在西周

9　陝西周原考古隊：〈扶風劉家姜戎墓地發掘簡報〉，《文物》1984年7期，頁26-29。

10　張天恩：《關中商代文化研究》（北京市：文物出版社，2004年），頁334-348。

11　張天恩：〈殷墟卜辭所記「羌方」的考古學文化考察〉，《黃盛璋先生八秩壽誕紀念文集》（北京市：中國教育文化出版社，2005年），頁14-15。

12　黃懷信整理：《尚書正義》（上海市：上海古籍出版社，2007年），頁421。

時期的消失。[13]當然西周時期有關姜姓族群的史料卻並不少見。羌與姜字形相類，學術界也提出「姜羌同源」的觀點，但是在商代卜辭中記載極為頻繁的羌方卻猝爾消失於西周、春秋時期的典籍記錄中，仍是值得思考的事情。

　　二〇一六年六月，寶雞市渭濱區石鼓鎮的西周時期的墓葬M3中出土銅罍一件（M3:19），侈口，方唇，窄平沿，束頸，圓肩，鼓腹斜內收，底上凸，高圈足外侈。蓋面飾高浮雕圓餅狀渦紋四組，口沿內鑄有銘文「亞羌父乙」四字。[14]根據《簡報》初步確定，該罍為商晚期器物，M3的塋葬應為西周早期。M3墓地出土多為戶氏族徽器物且能夠形成組合，故《簡報》判定M3為戶氏家族墓地。M3墓地發現了唯一一件陶高領袋足鬲，而高領袋足鬲為代表的文化遺存應屬於劉家文化遺存。[15]前文已述，劉家文化一般被認為是羌人（或稱羌戎）族群遺存，或稱之為姜戎人。[16]當然這一觀點仍有待商榷。[17]

　　在石鼓山M3墓地出土的銅器中，涉及到的族徽有鳥、正、萬、戶、冉、曲、單、重、亞羌等多種族徽形式。儘管墓葬屬性尚存在爭議，但出土的高領袋足鬲能夠確定墓主即便不是羌戎人，也曾與羌人有過密切往來。特別是墓中出土的亞羌父乙銅罍與山西省靈石旌介村商代晚期丙族墓地出土的銅爵（M1:13，M1:11）[18]、安陽殷墟西區墓

13 常倩：《商周至魏晉南北朝羌人問題研究》，（上海市：華東師範大學博士學位論文，2011年），頁23。

14 石鼓山考古隊：〈陝西寶雞石鼓山西周墓葬發掘簡報〉，《文物》2013年第2期，頁45。

15 石鼓山考古隊：〈陝西省寶雞市石鼓山西周墓〉，《考古與文物》2013年第1期，頁23、54。

16 王顥、劉棟、辛怡華：〈石鼓山西周墓葬的初步研究〉，《文物》2013年第2期，頁82。

17 劉莉、劉明科：〈也談石鼓山西周M3墓主及相關問題〉，《寶雞社會科學》2013年第2期，頁53-57。

18 山西省考古研究所：《靈石旌介商墓》（北京市：科學出版社，2006年），頁70。

葬出土的銅觚（M216:1）[19] 都帶有類似的「亞羌」形銘文,「亞羌」族徽作為羌族群的複合族徽,為商代晚期到西周早期羌人族群的流動提供了新的材料。

這幾件「羌」形銘文銅器的出土表明商末周初羌人蹤跡不僅出現於晉南豫西,也出現在陝西關中地區。這就將卜辭中的羌人方國與《尚書》〈牧誓〉等材料的聯繫提供了出土材料依據。北京琉璃河早期燕國墓地出土的克罍（盉）銘文記錄了西周初期分封燕國時隨同的幾支異姓族群「羌、馬、叡、雩、馭、微」。前文已論,羌方、馬方是卜辭中常見的方國,「馬羌」也被認為是廣義羌人族群的一支;在卜辭中,叡方、羌方與羞方、𢆶方還被合稱為四邦方(《合集》36528反)。因此,克罍（盉）銘文的記載不僅是周初分封行為的寶貴佐證,同時也是西周時期羌人族群流動的重要證據。但是到西周晚期乃至於春秋時期,我們的史料和出土材料中已經見不到以「羌」為名的族群活動蹤跡,這時我們需要轉換視角,學術界對「東羌」這一概念的深入探討為這一疑問提供了新的思路。

三　東羌概念的提出與深化：早期羌史概念的理論基礎

東羌這一概念的最早的解釋來自於胡三省。《資治通鑑》卷五十二針對《後漢書》〈西羌傳〉中東漢順帝永和六年（西元141年）羌人擊敗漢將馬賢後「東西羌遂大合」一事,就此記述中的「東羌」,胡注:「羌居安定、北地、上郡、西河者,謂之東羌;居隴西、漢陽、延及金城塞外者,謂之西羌。」[20]

---

19 中國社科院考古研究所:〈1969-1977年殷墟西區墓葬發掘報告〉,《考古學報》1979年第1期,頁81。

20 司馬光:《資治通鑑》(北京市:中華書局,1956年),頁1689。

　　秦漢時期羌人族群主要居住在金城、河湟一帶，《後漢書》〈西羌傳〉對秦漢前的羌史敘述極為簡略，而詳於漢羌交流史事，故後世往往以「西羌」代指羌人族群。至胡三省注釋「東羌」一詞後，遂有東羌的稱謂。胡注中僅僅以秦漢羌人居處不同而劃分出的東、西羌人族群在長時期以來不受史家重視，近當代以來的羌史研究仍然多認為東、西羌並沒有明顯的分別。因此在早期的羌史研究作品中，鮮有針對東羌問題進行論述者。直到一九八七年黃烈先生《中國古代民族史研究》一書出版，是書將古羌、西羌、東羌、後秦分節論述，表明了作者對羌人族群分期的認識，是第一部對東羌進行專節論述的著作。作者列述了東漢時期西羌二十九次內徙，並將內徙羌人分為屬國羌與守塞羌兩類，這表明在東、西羌有何區別這一問題上，黃烈先生仍然秉承了〈西羌傳〉中「西羌仍指原來意義上的西羌，而東羌則係指被內徙的羌人」這樣傳統的觀點，認為劃分東西羌的標準是「內徙與否」，「胡氏把居於隴西、漢陽的羌人與居於安定、北地、上郡的羌人分為東西羌是沒有多大道理的」，論述著重點在於探討東漢時期及後世「內徙羌人與原有的西羌」的區別。[21]應該說，能夠將東羌與西羌進行區別並專節論述，已經是東羌研究的第一步。

　　其實針對兩漢東羌的來源問題，馬長壽先生在《氐與羌》一書中討論兩漢時期西羌的六次遷徙過程後，即提出「六次遷徙並不能包括西羌東徙的全部歷史。例如北地（治今甘肅慶陽西北，後遷富平，今寧夏青銅峽南）、上郡（故治今陝西榆林南）、西河、安定四郡都有西羌，這些羌人何時何地遷來」這一問題，並表示「這個問題十分複雜，有的在文獻上沒有記載，一時很難回答」。[22]儘管如此，馬長壽先

---

21 黃烈：《中國古代民族史研究》（北京市：人民出版社，1987年），頁88。
22 馬長壽：《氐與羌》（上海市：上海人民出版社，1984年），頁104。

生仍然對這個問題試圖進行解答,指出安定郡的西羌是在永元元年
(西元89年)徙居於此的,〈西羌傳〉中的「先零別種」羌人可能是
西漢時遷入隴西郡的,安定、北地、上郡、西河的羌族有一部分在東
漢以前或者東漢初年已經住在那些地區了。[23]這種論說表明已經有很
多學者注意到兩漢時期東、西羌相區別的問題,並試圖進一步就東羌
來源進行探究,其研究視角已經不局限於東漢時期,而是著眼於更早
期的羌族歷史。

　　東、西羌的問題是學術界懸而未決的一個問題,但這一問題始終
受到學界的關注。陳琳國先生針對胡三省對東羌所作的定義以及黃、
馬兩位學者對東羌的認識,在對東羌史料進一步分析的基礎上指出胡
注對東、西羌的界定是正確的,對於東、西羌的區別,陳先生指出:
「東羌是東漢時分布在朔方、上郡、北地、雲中、五原、西河地區的
羌人,他們早在先秦時期就移居於此;西羌是分布在隴西、漢陽西及
金城地區的羌人。後來進入東羌聚居地的西羌融入了東羌,而內遷入
關中者,則仍為西羌」。[24]陳琳國先生的這一結論明確了東羌這一概念
的兩個基本問題:其一是針對黃、馬兩位先生所論述的內徙羌人與原
西羌並無分別這一問題,指出東漢時期內徙的羌人原本來自西羌部
族,自然與西羌無別;其二是指出東羌遷徙是分階段的,羌人早在先
秦時期就已經居於上郡、北地等地區。陳文雖然限於篇幅沒有對先秦
時期的東羌作具體討論,但已為這一問題的進一步探究指明了方向。

　　上郡、北地等地區的羌人早在先秦時期就移居於此,這一理論已
經由馬長壽、陳琳國等學者提出,但先秦時期的東羌是以何方式遷
徙、以何形態徙居等問題並未得到具體討論。在春秋戰國時期,大

23　馬長壽:《氐與羌》,頁104-105。
24　陳琳國:〈東羌與西羌辨析〉,《史學月刊》2008年第4期,頁32-33。

荔、義渠等部族居住在上郡、北地等地區，其國族及遺民是否與後世羌人有關，馬長壽先生曾作推測，指出義渠人與氐羌接近，或也屬於氐、羌語系。

針對這一問題，筆者曾作《義渠東羌考》一文，對義渠與東羌的關係進行探討，指出在地理沿革上，義渠與東羌居住在上郡、北地一帶，一脈相承；並借由義渠的經濟生活方式和族名的命名規律指出義渠與東羌一族密不可分的關係。義渠族不僅是羌族，而且正是見於兩漢史書的東羌。[25]拙文就先秦時期的東羌問題，提出兩個觀點：（1）東羌的概念雖然晚出，但其概念的範疇則產生於秦以前。從這一角度來說，西羌的產生晚於東羌。（2）〈西羌傳〉中並不單為西羌作傳，其中有很多種族屬於東羌。這是筆者在探索春秋戰國時期東羌的族群形態這一問題上形成的兩點結論。但是，經由對義渠等東羌族群的探究可知，其族源問題、何時由何地遷徙於此等問題雖仍懸而未決，但可以肯定的是這一歷史進程應向更早的羌史中尋究。

在對商、周、春秋戰國時期各個階段羌人族群的史料辨析中我們能夠發現，甲骨卜辭、金文、傳世史料中對早期羌人族群的記載確實存在著嚴重的碎片化現象，學術界也出現了根據新出土材料將商、周時期的羌史連綴成系統完整史料的嘗試。二〇一四年，李健勝教授與筆者合著的《早期羌史研究》一書即以「早期羌史」作為標題，探究了先秦至兩漢時期有關羌人族群問題的七個問題。[26]在該書緒論中筆者提出：「早期羌史研究既與羌族史研究息息相關、密不可分，但二者又有所不同。羌族史是針對羌族一族的族源、發展及其文化進行綜合研究的歷史，而先秦、兩漢時期早期羌人分布廣泛，在夏商周三代

---

25 武剛、王暉：〈義渠東羌考〉，《陝西師範大學學報（哲學社會科學版）》2013年第6期，頁111-112。

26 李健勝、武剛：《早期羌史研究》，（北京市：人民出版社，2014年）。

都與中原民族有過接觸，在兩漢時期中國的西北、西南邊疆也廣泛分布有以羌為名的族群，這些出現在歷史上的族群與後世的羌族不一定全部相關，而其中很多又需借助卜辭、簡帛等材料加以辨析」。受限於當時的研究成果，在書中我們並未對早期羌史概念進行嚴格的界定和闡釋。得益於近年來羌史的研究成果和認識，我們可以將商、周時期的羌人族群歷史稱為早期羌史，以區別於兩漢時期的「西羌」歷史。這是因為商周時期與中原王朝互動的恰恰是東羌族群，而非〈西羌傳〉中的西羌族群，東羌的歷史是勾連起商、周、秦漢時期諸多史料的關鍵問題，對東羌族群認識的深化是早期羌史研究的重要基礎。

四 早期羌史概念的必要性和史學價值

越來越多的出土材料表明早期羌人在東西方文化傳播中起了重要作用，學術界強調應重視早期羌人的歷史貢獻。目前的研究發現早期羌人在農牧業中取得了較為突出的成果。羌人是中國較早的馴養毛用羊、馴養山羊、野牛的民族，同時可能也較早的掌握了異種雜交技術。[27]也有資料表示羌人在青銅器的起源與傳播中起了較為重要的作用。[28]不難看出這些成果都針對生活在我國西部的羌人族群，學術界對較早東進居住於東部地區的羌人在文化傳播和交流中的作用和貢獻仍然缺乏深入探究。

首先，東部的羌人族群在商周國家的制度建設方面起了較為重要的作用。

（1）羌、姜同源，從文字學角度看，羌、姜字形相近，〈西羌傳〉

---

27 任乃強：《羌族源流探索》（重慶市：重慶出版社，1984年），頁19-26。

28 徐建煒、梅建軍等：〈青海同德宗日遺址出土銅器的初步科學分析〉，《西域研究》2010年第2期，頁31-36。

也稱:「西羌之本,出自三苗,姜姓之別也」。[29]《史記》〈六國年表序〉:「禹興於西羌」[30],表明中原華夏各族與羌人在較早的歷史時期就展開了文化交流。姜姓部族與周人的政治聯繫與婚姻關係,既廣見諸於典籍,又多見於出土彝器銘文。《左傳》〈襄公十四年〉:「我諸戎是四嶽之裔冑」[31],四岳即為姜姓國家。鍾柏生認為:「戎狄既是姜姓,羌姜同音,又有血緣關係」,「卜辭中之羌人,就是周代一部分戎狄的祖先」。[32]從這一角度來說,羌人中較為先進的姜姓部族與周人聯姻,重要的姜姓封國齊、申、許在周代政治生活中起了重要的作用。[33]

（2）商、周王朝為更好的管控羌人等方國部族,設立了商周時期國家管理異族的特色制度賓服制。賓服制度規定臣服於商、周王室的異族需要承擔賓貢、服役、朝見之責。山西靈石旌介的丙族墓地與殷墟西區墓地出土的「亞羌」銘文銅器,就表明在殷商時期羌人就曾被納入賓貢體系當中。而見於西周早期的銅器銘文記錄,本作為研究西周分封制度的重要資料,同樣證明了早期羌人族群活動與商周國家制度建設密不可分,探究羌人與商、周時期的族群互動,有助於我們加深商周時期國家管理模式的理解。

第二,早期羌史問題是先秦史學命題中「夷夏問題」的進一步延伸。

在羌史研究中,在很長時間羌人被視作與夏人同族同源的族群,很多學者認為夏商時期的羌實際上即「夏」。王慎行就表示在春秋戰國的典籍或彝銘中,羌人被稱之為「戎」或「夏」而不以「羌」名。[34]

---

29 范曄:《後漢書》（北京市:中華書局,1965年）,頁2869。

30 司馬遷:《史記》（北京市:中華書局,1959年）,頁686。

31 楊伯峻:《春秋左傳注》（北京市:中華書局,1981年）,頁1006。

32 鍾柏生:《殷商卜辭地理論叢》,頁177。

33 冉光榮:《羌族史》（成都市:四川民族出版社,1985年）,頁34。

34 王慎行:〈卜辭所見羌人考〉,《中原文物》1991年第1期,頁67。

這種稱謂相別的現象，陳夢家先生嘗試解釋原因：「在殷卜辭為羌方為羌，在春秋、戰國之書器稱之為戎為夏而不以羌名，凡此『諸夏』屬於高級形式的羌人，以別於尚過遊牧生活的低級形式的羌人。」[35]《後漢書》〈西羌傳〉中將春秋時期的西戎部族作為羌，在傳統夷夏觀念中，文化落後的戎狄部族卻往往被稱作「夷」。因此如何正視和理解三代不同時期的羌人部族，是早期羌史研究中的重要問題。李健勝教授提出「夷夏羌東中西」說，是對這一問題進行解讀的最新嘗試。[36]由於早期羌史這一概念具備這樣的特殊性，若單以後世羌族的文化屬性去討論早期羌人情況，會對早期羌人族群的理解出現片面和偏差，甚至會失之毫釐，謬之千里。重視早期羌史問題的研究，實際上也是為先秦史學中「夷夏問題」的更深入探討提供一個契機。

第三，羌人在早期族群交流中很重要，對早期羌人族群的梳理有助於釐清早期族群的遷徙脈絡。

商周時期的羌史呈現出的碎片化表明不同時期的羌人族群其源頭與遷徙很可能並非同源，其族群社會發展程度也不盡相同。在過去不認為屬於羌人族群的部族方國中，目前也發現了能判斷為羌人方國的史料，這表明早期羌史的研究任重道遠，我們要積極地根據新材料去重新梳理和認識我國早期族群的族群判定及遷徙問題，早期羌史的系統化研究正是其中重要的一個課題。

---

35 陳夢家：《殷虛卜辭綜述》，頁282。
36 李健勝：〈夷夏羌東中西說〉，《青藏高原論壇》2014年第4期，頁1-9。

第二章
早期羌人的考古學文化面貌

　　羌人的考古學文化，多發現在我國西部地區。在陝西東部、甘肅以及青海的地形，多為高原、山川、河流，特別是青海作為青藏高原主體的一部分，一般海拔兩千五百至四千五百米，即使是河谷地區地勢較低，平均海拔也在一千六百米以上。俞偉超先生指出，從考古學觀察，新石器時代至青銅時代今甘肅、青海有眾多民族活動居息。甘肅地區的古文化遺存，如馬家窯文化、半山文化、馬廠文化等，在廣義上都同古羌人有一定關係。[1] 經過考古調查和發掘，在甘青一帶地區相繼發現有齊家文化、卡約文化、辛店文化、寺窪文化，在河西走廊發現了四壩文化、沙井文化，這些考古學文化都被認為與早期羌人族群相關，在時代分布上，由新石器時期到青銅時代，具有分布地域廣、年代跨度久的特點。在這些早期羌人族群的分布區域內，地形複雜、地貌、自然環境不同。陝西西部、甘肅東部的隴東地區海拔一千兩百至一千八百米，黃土深厚，屬於典型的黃土高原地貌。隴中高原深拔一千兩百至兩千五百米，該地區黃河灘、峽相間，水力資源豐富，主要支流有渭河、洮河等，氣候多屬溫帶半濕潤區，河流兩岸宜種植農作物。青海東部為高原山地東段，山脈及谷地均較寬廣，有冷龍嶺、達阪山、拉脊山三山赫爾大通河、湟水、黃河三河，峽谷眾多，河谷地帶牧草繁茂，海拔在三千米以下，谷地中的河岸階地為農

1　俞偉超：〈古代「西戎」和「羌」、「胡」考古學文化歸屬問題的探討〉，《先秦兩漢考古學論集》（北京市：文物出版社，1985年），頁180-192。

耕地區。[2]河西走廊位於祁連山與合黎山、龍首山等山脈之間的黃河
之西，因此得名。這一區域狹長且直，東西長約一千兩百千米，南北
寬約一百至兩百千米，形如走廊。河西走廊的氣候屬大陸性乾旱氣
候，氣候乾燥、冷熱變化劇烈，風大沙多。早期羌人居民的文化特
徵、經濟生活與這些地理環境、自然條件存在著密不可分的聯繫。

一　齊家文化

（一）齊家文化的發現

　　齊家文化於一九二四年由瑞典學者安特生發現，以甘肅省廣河縣
齊家坪遺址而得名。[3]夏鼐先生於一九四五年根據廣河縣陽窪灣墓地
的兩座齊家文化墓葬所出遺物，糾正了安特生齊家期早於仰韶期的錯
誤，確認了齊家文化晚於馬家窯文化。[4]一九四七至一九四八年，裴文
中在甘肅洮河、渭河、西漢水流域進行考古調查，發現齊家文化遺址
九十餘處，特別是臨洮瓦家坪遺址的白灰面房址遺址為首次發現。[5]
上世紀五〇年代以來，配合黃河水庫、鐵路工程等基本建設工作，
甘肅、青海、寧夏文物考古部門、高等院校等單位相繼展文物考古工

2　中國社會科學院考古研究所：《中國考古學・夏商卷》（北京市：中國社會科學出版
　　社，2004年），頁538。

3　甘肅省博物館：〈甘肅省文物考古三十年〉，《文物考古工作三十年（1949-1979）》
　　（北京市：文物出版社，1979年），頁141-143。

4　安特生著、樂森璕譯：〈甘肅考古記〉，《地質學報》甲種第五號，1925年，頁8-9。
　　夏鼐：〈齊家期墓葬的新發現及其年代的改訂〉，《中國考古學報》第四冊，1949
　　年，頁122-126。

5　裴文中：〈甘肅史前考古報告〉，《裴文中史前考古學論文集》（北京市：文物出版
　　社，1987年），頁236-243。裴文中：〈中國西北甘肅走廊和青海地區的考古調查〉，
　　《裴文中史前考古學論文集》（北京市：文物出版社，1987年），頁256。

作，[6]目前為止已經發現齊家文化墓葬、遺址共一千一百餘處，其中較為重要的遺址包括甘肅省境內的廣河齊家坪遺址[7]、秦安寺嘴坪遺址[8]、武威皇娘娘臺遺址[9]、永靖張家咀與姬家川遺址[10]、永靖大何莊遺址[11]、永靖秦魏家遺址[12]、靈臺橋村遺址[13]、天水師趙村與西山坪遺址[14]、武威海藏寺遺址[15]、武山傅家門遺址[16]等；青海省境內的樂都

6　安志敏：〈甘肅遠古文化及其有關的幾個問題〉，《考古通訊》1956年第6期，頁9-18。黃河水庫考古隊甘肅分隊：〈黃河上游鹽鍋峽與八盤峽考古調查記〉，《考古》1965年第7期，頁321-325。甘肅省博物館：〈黃河寺溝峽水庫新石器時代遺址調查簡報〉，《考古》1960年第3期，頁7-8。甘肅省文物管理委員會：〈渭河上游天水、甘穀兩縣考古調查簡報〉，《考古通訊》1958年第5期，頁1-5。甘肅省文物管理委員會：〈甘肅渭河上游渭源、隴西、武山三縣考古調查〉，《考古通訊》1958年第7期，頁6-15。甘肅省文物管理委員會：〈甘肅臨洮、臨夏兩縣考古調查簡報〉，《考古通訊》1958年第9期，頁36-49。甘肅省博物館：〈甘肅西漢水流域考古調查簡報〉，《考古》1959年第3期，頁140。長江流域規劃辦公室考古隊甘肅分隊：〈白龍河流域考古調查簡報〉，《文物資料叢刊》2，（北京市：文物出版社，1978年），頁26-37。安志敏：〈青海的古代文化〉，《考古》1959年第7期，頁375-383。

7　甘肅省博物館：〈甘肅省文物考古工作三十年〉，《文物考古工作三十年》（北京市：文物出版社，1979年），頁141-142。

8　任步雲：〈甘肅秦安縣新石器時代居住遺址〉，《考古通訊》1958年第5期，頁6-11。

9　甘肅省博物館：〈甘肅武威皇娘娘台遺址發掘報告〉，《考古學報》1960年第2期，頁53-70。

10　中國社會科學院考古研究所甘肅工作隊：〈甘肅永靖張家咀與姬家川遺址的發掘〉，《考古學報》1980年第2期，頁187-219。

11　中國科學院考古研究所甘肅工作隊：〈甘肅永靖大何莊遺址發掘報告〉，《考古學報》1974年第2期，頁29-59。

12　中國科學院考古研究所甘肅工作隊：〈甘肅永靖秦魏家齊家文化墓地〉，《考古學報》1975年第2期，頁57-91。

13　甘肅省博物館考古隊：〈甘肅靈台橋村齊家文化遺址試掘簡報〉，《考古與文物》1980年第3期，頁22。

14　中國社會科學院考古研究所：《師趙村與西山坪》（北京市：中國大百科全書出版社，1999年）。

15　梁曉英、劉茂德：〈武威新石器時代晚期玉石器遺址〉，《中國文物報》1993年5月30日。

柳灣遺址[17]、大通上孫家寨遺址[18]、大通黃家寨遺址[19]、貴南尕馬台遺址[20]、互助總寨遺址[21]、西寧沈那遺址[22]、民和喇家遺址[23]等；寧夏省境內的西吉興隆鎮[24]、固原海家灣遺址[25]等。可以確定齊家文化主要分布於黃河上游地區，包括黃河支流的渭河上游、洮河中下游、湟水中下游地區，以及西漢水流域等，西起青海湖北岸沙柳河，北至內蒙古阿拉善左旗地區，南抵甘肅省文縣地區，東至甘肅省慶陽地區，東西分布長達八百公里。[26]

（二）齊家文化的文化特徵

在齊家文化的聚落遺址中，有以白灰面為主的居址建築群，並出土眾多的窯穴，青海民和喇家遺址的房屋大多就呈現為窯洞式建築。

16 中國社會科學院考古研究所甘青工作隊：〈甘肅武山傅家門史前文化遺址發掘簡報〉，《考古》1995年第4期，頁289-304。

17 青海省文物管理處考古隊等：《青海柳灣》（北京市：文物出版社，1984年）

18 許新國：〈試論卡約文化的類型與分期〉，《青海文物》創刊號，1988年，頁19。

19 青海省文物考古研究所：〈青海省大通縣黃家寨墓地發掘報告〉，《考古》1994年第3期，頁193-204。

20 〈我省考古工作的一項重大發現〉，《青海日報》1978年2月18日。

21 青海省文物考古隊：〈青海互助土族自治縣總寨馬廠、齊家、辛店文化墓葬〉，《考古》1986年第4期，頁306-316。

22 王國道：〈西寧市沈那齊家文化遺址〉，《中國考古學年鑑（1993）》（北京市：文物出版社，1995年），頁260。吳平：〈西寧市沈那遺址〉，《中國考古學年鑑（1994）》（北京市：文物出版社，1997年），頁278。

23 中國社會科學院考古研究所等：〈青海民和喇家史前遺址的發掘〉，《考古》2002年第7期，頁3-5；〈青海民和縣喇家遺址2000年發掘簡報〉，《考古》2002年第12期，頁12-25。

24 鐘侃、張心智：〈寧夏西吉縣興隆鎮的齊家文化遺址〉，《考古》1964年第5期，頁227。

25 寧夏固原自治區博物館：〈寧夏固原海家灣齊家文化墓葬〉，《考古》1973年第5期，頁290-291。

26 謝端琚：《甘青地區史前考古》（北京市：文物出版社，2002年），頁111-136。

齊家文化的墓葬一般成組排列，多為長方形的土坑豎穴墓，也有部分為偏洞室墓，土坑豎穴墓以仰身直肢單人葬為主，但也發現了一批成年男女合葬墓；偏洞室墓多為合葬，或多人多次合葬。[27]在墓葬遺址中發現有人殉、人祭現象，在大何莊和秦魏家遺存發現有礫石圍成的「石圓圈」遺跡是齊家文化特色的祭祀遺跡。

齊家文化的陶器以泥質紅陶、夾砂紅褐陶為主，典型器類有雙大耳罐、雙小耳罐、侈口高領罐、盆、豆等，器表多裝飾有繩紋、籃紋和彩繪等，彩陶以紅彩或紫紅彩繪成蝶形紋、蕉葉紋、菱形網格等幾何圖案。[28]齊家文化的石器以磨制石器為主，主要為磨制石斧、鏟、錛、刀、磨棒、磨盤以及敲砸器等。銅器主要為以紅銅器為主的小件銅器，器類主要為錐、刀、環、斧等。同時也有用動物下頜骨和肩胛骨製成的鏟與錐、針以及帶紋飾的脊匕等為組合的脊器群。[29]在齊家文化遺跡中發現有玉琮、玉璧等禮器，以及較多的綠松石、珠、璧、環、笄、石脊與墜形器等裝飾品。

（三）齊家文化的分期和年代

齊家文化的分期與類型劃分，目前有「兩群說」[30]、「兩類型說」[31]、「三類型說」[32]、「四期說」[33]、「三期八段」[34]等觀點，隨著

---

27 錢耀鵬、朱芸芸、毛瑞林：〈略論磨溝齊家文化墓地的多人多次合葬〉，《文物》2009年第10期，頁62-69。

28 中國社會科學院考古研究所：《中國考古學・夏商卷》，頁538。

29 中國社會科學院考古研究所：《中國考古學・夏商卷》，頁538。

30 安志敏：〈甘肅遠古文化及其有關的幾個問題〉，《考古通訊》1956年第6期，頁9-18。

31 胡謙盈：〈試論齊家文化的不同類型及其源流〉，《考古與文物》1980年第3期，頁77。

32 謝端琚：〈試論齊家文化與陝西龍山文化的關係〉，《文物》1979年第10期，頁60-67；〈試論齊家文化〉，《考古與文物》1981年第3期，頁76。

33 謝端琚：〈論大何莊與秦魏齊家文化的分期〉，《考古》1980年第3期，頁248-254。

34 張忠培：〈齊家文化研究（下）〉，《考古學報》1987年第2期，頁153。

天水師趙村、西山坪兩處遺址和青海樂都柳灣等地的發掘資料，也有
觀點提出可以將齊家文化分為東、中、西三個區五個類型。[35]

東區即甘肅東部地區，包括涇河、渭河、西漢水上游等流域。這
一地區的齊家文化可分為師趙村和七里墩兩個類型。師趙村類型以渭
河上游及其支流耤河、葫蘆河為分布中心，因天水師趙村遺址首先發
現而命名。師趙村遺址發現二十六處房址，形成較大規模的建築群，
是迄今為止所見保存較為完整的一處齊家文化聚落遺址。師趙村遺址
出土豐富，除房址外，窯穴、墓葬等遺跡材料較為全面，被作為東部
地區的典型遺址，稱為師趙村遺址。七里墩類型因在天水花牛鄉七里
村遺址首先發現而得名。該類型的分布範圍與師趙村類型相若，遺址
出土陶器的形態與師趙村類型有別。[36]東區齊家文化可分為早、晚兩
期，早期以師趙村類型為代表，晚期以七里墩類型為代表。[37]

中區即甘肅中部地區，包括黃河上游及其支流洮河、大夏河流
域。這一地區的齊家文化以甘肅永靖縣秦魏家遺址為代表，稱作秦魏
家類型。秦魏家遺址共發現墓葬一百三十八座，分為南北兩片。北部
墓地二十九座，分三排排列，頭部一律朝西；南部墓地分上、下兩
層，上層墓葬九十九座，分六排排列，下層八座，分散排列，頭部均
朝向西北方。從南部墓地上、下兩層墓地出土陶器的年代來看，下層
陶器的相對年代要比上層早。秦魏家上下層不同形態的陶器，可作為
劃分齊家文化早晚期的重要尺規。[38]中區齊家文化可分為早、晚兩期，
早期以秦魏家下層遺存為代表，晚期以秦魏家上層遺存為代表。[39]

西區即甘肅西部和青海東部地區，包括青海境內的黃河上游及其

---

35 中國社會科學院考古研究所：《中國考古學‧夏商卷》，頁540。
36 中國社會科學院考古研究所：《中國考古學‧夏商卷》，頁540-541。
37 中國社會科學院考古研究所：《中國考古學‧夏商卷》，頁545。
38 中國社會科學院考古研究所：《中國考古學‧夏商卷》，頁541。
39 中國社會科學院考古研究所：《中國考古學‧夏商卷》，頁545-546。

支流湟水、隆務河流域和河西走廊地區。這一地區的齊家文化可以分為皇娘娘臺和柳灣兩個類型。皇娘娘臺類型主要分布在河西走廊地區，因在武威新鮮鄉皇娘娘臺首先發現而得名。皇娘娘臺西距武威約二點五公里，是一處內涵豐富的齊家文化遺址。該遺址首先發現一批紅銅器，從而改訂齊家文化為銅石並用時代，該遺址出土陶器也頗具特徵。柳灣類型以湟水中下游地區為分布中心，因在青海省樂都縣柳灣村首先發現而得名。柳灣遺址位於湟水流域北岸，西距樂都縣城十七公里，發現齊家文化墓葬三百六十六座。該遺址出土器物既包含有齊家文化的基本因素，又保留有馬廠類型的諸多成分。在遺址七十餘座墓葬中都出土有彩陶，共計一百二十七件；彩陶的造型和紋飾都與皇娘娘臺所出土的彩陶有較為明顯的差異，表明彩陶是柳灣類型特有的文化內涵之一。[40]西區齊家文化類型可分為早、中、晚三期，以柳灣遺址的墓葬材料為依據。[41]

根據永靖大何莊、秦魏家以及樂都柳灣等遺址的層位關係看，齊家文化的相對年代晚於馬家窯文化而早於辛店文化和卡約文化。碳十四測定資料顯示，齊家文化的絕對年代為西元前二一八三年至西元前一六三〇年，其主要遺存的年代與中原地區夏代紀年基本相當。[42]

（四）齊家文化的經濟生活形態

齊家文化的經濟形態以原始農業為主，主要種植的作物為粟。生產中一般使用石、骨製成的工具，工具種類有石鏟刀、斧、穿孔刀、磨棒、磨盤、敲砸器和骨鏟，帶有手窩的敲砸器是齊家文化具有特徵性的器物。齊家文化各遺存中出土大量動物遺骸，可見飼養業較為發

---

40 中國社會科學院考古研究所：《中國考古學·夏商卷》，頁541-544。
41 中國社會科學院考古研究所：《中國考古學·夏商卷》，頁546。
42 井中偉：《夏商周考古學》（北京市：科學出版社，2013年），頁494。

達，飼養的家畜包括豬、羊、牛、馬、狗、驢等，其中豬為主要飼養對象，其次為羊。

從齊家文化各遺址中出土的彩陶以及窯址遺跡可知，製陶業在手工業中占有主要地位。各類遺存中，紡織縫紉工具較為常見；在大何莊和秦魏家的墓葬人骨上發現有布紋痕跡，推測可能身著麻布埋葬，可知當時的紡織業也具有一定的水準。[43]

各類遺存中出土有相當數量的玉器，表明玉石製造在當時已經具有一定的規模。師趙村墓葬中發現有以玉琮、玉璧隨葬的現象，表明早期的用玉禮制已經初步形成。

在皇娘娘臺、大何莊、秦魏家、魏家壖子[44]、齊家坪、西坪、杏林[45]、沈那、尕馬台、總寨等十餘處遺址內都發現有紅銅器和青銅器。銅、骨複合工具在遺址中也有發現。青銅器的發現表明齊家文化的煉銅技術已經從冶煉紅銅發展為冶煉青銅的階段，這表明在齊家文化晚期已經進入青銅時代。[46]

（五）齊家文化的信仰祭祀與喪葬習俗

在大何莊和秦魏家遺存中發現有礫石築成圓圈形的「石圓圈」遺跡六處，遺跡直徑約為四米，附近放置有卜骨或牛、羊骨骼。大何莊一號石圓圈遺跡保存較為完整，東邊放置有無頭母牛骨架，西邊放置有一具羊骨。西山坪發現有祭祀坑（H17），呈圓形，口徑三點八米，深一點四米，坑壁規整，底部平坦，坑底放置有豬骨架五具，均屬三

---

43 中國社會科學院考古研究所：《中國考古學・夏商卷》，頁549。

44 田毓章：〈甘肅臨夏發現齊家文化骨柄銅刃刀〉，《文物》1983年第1期，頁76。

45 甘肅岷縣文化館：〈甘肅岷縣杏林齊家文化遺址調查〉，《考古》1985年第11期，頁977-979。

46 中國社會科學院考古研究所：《中國考古學・夏商卷》，頁551-552。

至十二月的幼豬，表明齊家文化居民存在用豬作為祭品的風俗。[47]在皇娘娘臺和秦魏家遺址中都發現有卜骨共七十餘件。卜骨材料以羊肩胛骨為主，次為牛、鹿肩胛骨，一般只有燒灼的痕跡。這些遺存都帶有明顯的祭祀屬性，顯然是當時居民祭祀或宗教活動所遺留。

　　齊家文化目前已經發掘墓葬一千餘座，多表現為成組成排的氏族公共墓地，規模大小不一。秦魏家墓葬保存最為完整，坑位排列最為有序，以長方形或圓角長方形土坑豎穴墓葬為主，其次為平而呈凸字形的土洞墓。在柳灣墓地發現有木棺、獨木棺等葬具。墓葬多隨葬有陶器，也有骨器、石器或豬下頜骨等動物隨葬現象。葬法有單身葬和合葬兩種。單身葬以仰身直肢葬為主，其次為側身葬和俯身葬，屈肢葬占少數。合葬以雙人男女合葬較為常見，也發現有成年與兒童合葬、多人合葬等現象。皇娘娘臺遺存中發現有一男二女的三人合葬墓，也發現有隨葬玉石器數量相差明顯的墓葬，柳灣遺址發掘有帶有墓道、隨葬有較多隨葬品的972號墓，齊家文化也存在有墓葬中多非自然死亡的人殉行為，學術界認為這些現象都表明當時社會已經存在了私有制和貧富分化的現象，齊家文化的社會已經出於氏族社會解體、向文明和國家社會過渡的階段。[48]

　　關於齊家文化與辛店、卡約、四壩等考古學文化的關係，目前學術界尚無定論。有觀點認為辛店文化由齊家文化發展而來；[49]也有觀點認為在河西走廊和青海西部地區，齊家文化分別發展出四壩文化和卡約文化；[50]也有觀點認為卡約文化直接承襲齊家文化而來。[51]

---

47 中國社會科學院考古研究所：《師趙村與西山坪》，頁273。

48 中國社會科學院考古研究所：《中國考古學・夏商卷》，頁555-556。

49 吳汝祚：〈甘肅地區原始文化的概貌及其相互關係〉，《考古》1961年第1期，頁12-19。

50 嚴文明：〈甘肅彩陶的源流〉，《文物》1978年第10期，頁74-75。

51 俞偉超：〈關於卡約文化和辛店文化的新認識〉，《中亞學刊》1983年第1期，頁7-8。

　　齊家文化與周邊地區的古文化遺存有著密切關係。齊家文化中最常見的雙大耳罐、高領雙耳罐和侈口罐等陶器均可在陝西客省莊二期文化中找到相同或相似的同類器。[52]在內蒙古伊克昭盟的朱開溝文化遺存的部分墓葬中反映出來的墓葬形制、葬式和隨葬品等方面與秦魏家墓葬有不少共性，所出土陶器也具有相似性。[53]這些現象都表明齊家文化與陝西客省莊二期文化、內蒙古朱開溝文化存在著交流和聯繫。

二　四壩文化

　　四壩文化位於河西走廊地區，河西走廊位於黃河以西的甘肅省西北部，東起烏鞘嶺，西至古玉門關，介於祁連山和北山之間，東西長約一千二百、南北寬一百至二百公里，為西北—東南走向的狹長平地，形如走廊，又稱甘肅走廊，歷代均為中國東部通往西域的咽喉要道，目前為中國西北邊防重地。[54]

（一）四壩文化的發現

　　四壩文化以甘肅省山丹縣四壩灘遺址命名，主要分布在河西走廊地區。四壩文化主要遺址除四壩灘遺址[55]外，還有玉門市火燒溝遺址[56]、民樂東灰山遺址[57]、酒泉市干骨崖遺址[58]等。

52　中國科學院考古研究所：《灃西發掘報告》（北京市：文物出版社，1963年），頁55-63。

53　內蒙古文物考古研究所：〈內蒙古朱開溝遺址〉，《考古學報》1988年第3期，頁331。中國科學院考古研究所甘肅工作隊：〈甘肅永靖秦魏家齊家文化墓地〉，《考古學報》1975年第2期，頁57-91。

54　井中偉：《夏商周考古學》，頁501。

55　安志敏：〈甘肅山丹四壩灘新石器時代遺址〉，《考古學報》1959年第3期，頁7-16。

56　甘肅省博物館：〈甘肅省文物考古工作三十年〉，《文物考古工作三十年》，頁142-143。

57　寧篤學：〈民樂縣的二處四壩文化遺址〉，《文物》1960年第1期，頁12。甘肅省博物

　　四壩灘遺址位於甘肅省山丹縣南五公里的石溝河畔，於一九四八年修建水渠時發現，二十世紀五〇年代以來經過多次調查，採集到有完整的陶器、打制石器等。[59]火燒溝遺址位於玉門市清泉鄉，一九七六年發掘墓葬三百一十二座，隨葬有銅製工具、武器和金、銀、銅飾品。東灰山遺址位於民樂縣西北約二十七公里的六壩鄉東北，於一九五八年調查發現，[60]一九八七年由甘肅省文物考古研究所和吉林大學北方考古研究室進行保護性發掘，發掘墓葬兩百四十九座，清理殘牆一段。墓葬多為小型土坑豎穴墓，近四分之一墓葬有龕，盛行二次擾亂葬。遺址中採集有顆粒完整的炭化小麥、人麥、黑麥、高粱、稷、粟等。[61]干骨崖遺址位於酒泉市東南六十公里的祁連山北麓、豐樂河東岸臺地上。一九八六年甘肅省文物考古研究所、酒泉市博物館等單位對遺址進行了調查和發掘工作，清理墓葬一百零五座，隨葬有陶器、銅刀、錐等，出土有陶塤、石權杖頭等器物等。

（二）四壩文化的文化特徵

　　四壩文化發現的居址較少，在干骨崖遺址發現了礫石壘砌的殘牆以及柱洞等，在干骨崖、東灰山遺址還發現有曬磚的殘塊。四壩文化發現的墓葬主要為小型墓，根據發掘情況來看，各地隨葬品器類基本

　　館：〈甘肅古文化遺存〉，《考古學報》1960年第2期，頁11-52。甘肅省文物考古研究所、吉林大學北方考古研究室：《民樂東灰山考古——四壩文化墓地的揭示與研究》（北京市：科學出版社，1998年），頁4。

58 李永城：〈四壩文化研究〉，《考古學文化論集（三）》（北京市：文物出版社，1993年），頁80。

59 安志敏：〈甘肅山丹四壩灘新石器時代遺址〉，《考古學報》1959年第3期。

60 寧篤學：〈民樂縣的二處四壩文化遺址〉，《文物》1960年第1期，頁12。甘肅省博物館：〈甘肅古文化遺存〉，《考古學報》1960年第2期，頁11-52。

61 甘肅省文物考古研究所、吉林大學北方考古研究室：《民樂東灰山考古——四壩文化墓地的揭示與研究》，頁190。

相同，但是各地的葬俗差異較大。火燒溝墓地流行豎穴偏洞室墓和豎
穴土坑墓，很多墓坑一側有生土二層臺，多為單人仰身直肢葬，少數
為側身屈肢葬或俯身葬。干骨崖墓地主要為豎穴土坑積石墓，部分有
木質葬具，多為亂骨、多人合葬，單人墓為仰身直肢葬，上肢部分有
意擾亂。當地還有一種割體葬，即將墓主的指骨取下置於陶罐而隨葬
於墓中。東灰山墓地已清理的二百四十九座墓為圓角長方形或長橢圓
形豎穴土坑墓，基本無葬具，多有甕（主要是端甕），甕內置隨葬
品，流行男女合葬墓，遷葬造成骨殖不全且凌亂。[62]

　　四壩文化的陶器基本為夾砂紅、褐陶，紋飾多見刻劃紋、繩紋、
乳釘紋、附加堆紋等，彩陶較多。銅器發現數量較多，有銅斧、杖
獸、刀、錐、鏃等。石器多見手斧、盤狀器，以及刀、錘、鋤等，打
制器最多。四壩文化中銅器使用已經較為普遍，火燒溝遺址有百餘座
墓出土銅器二百餘件，東灰山墓葬中出土銅器十五件，干骨崖墓葬中
出土銅器四十八件。通過檢測表明：青銅器的數量比齊家文化明顯增
多；青銅器不僅用作裝飾品，還用作斧、刀、錐等工具和消耗性武器
（鏃）；青銅合金不僅有錫青銅，還有鉛青銅和鉛錫青銅。火燒溝遺
址曾出土鑄鏃石範，表明四壩文化已有自己的冶鑄業，屬於青銅時代
文化。[63]

　　四壩文化的銅器特徵可以概括為：（1）紅銅仍占較大比例；（2）
器物均為小件工具、武器、裝飾品，尚未出現青銅容器；（3）東灰山
和干骨崖遺址發現一定比例的含砷青銅。砷銅器在中亞和近東地區早
於青銅出現；（4）有的銅器形態上同北方草原風格接近。這些特點反
映出四壩文化尚處於青銅時代早期，這些特點與四壩文化所處河西走

62　中國社會科學院考古研究所：《中國考古學・夏商卷》，頁561。
63　中國社會科學院考古研究所：《中國考古學・夏商卷》，頁562。

廊之一東西方交流通道的地理位置有關。[64]

　　四壩文化各遺址普遍發現有農用工具出土，包括斧、鋤、穿孔石刀、石磨盤、磨棒、石臼等；東灰山遺址發現有炭化的小麥，這些情況都表明四壩文化的農業經濟已經具備一定規模。火燒溝遺址的墓葬中普遍殉葬羊、牛、馬、狗、豬，其中羊最多，表明畜牧業也較為發達。

（三）四壩文化的年代與經濟生活形態

　　根據火燒溝、東灰山、干骨崖三處遺址的碳｜四測年資料，三地經高精度表樹輪校正的碳素年代範圍大致落在西元前一千九百年至前一千五百年之間。[65]這表明四壩文化約略與中原地區夏紀年相當，其下限已進入商代早期。[66]

　　四壩文化的淵源，由於河西走廊地區比四壩文化略早的「過渡類型」的發現，[67]可以確認四壩文化源於馬廠文化，四壩文化是擴展到河西走廊地區的馬廠文化本土化的產物。[68]四壩文化中包含著一些齊家文化的因素，如雙大耳罐、圈足豆、夾砂繩紋罐等，應是在相互交流中受到齊家文化影響的反映。四壩文化的族屬，一般認為屬於羌族的支系。[69]

---

64 孫淑雲、韓汝玢：〈甘肅早期銅器的發現與冶煉、製造技術的研究〉，《文物》1997年第7期，頁80-83。

65 中國社會科學院考古研究所：《中國考古學中碳十四年代資料集（1965-1991）》（北京市：文物出版社，1991年），頁272。

66 中國社會科學院考古研究所：《中國考古學・夏商卷》，頁562。

67 李水城：〈四壩文化研究〉，《考古學文化論集（三）》，頁109。

68 李水城：〈四壩文化研究〉，《考古學文化論集（三）》，頁108-109。甘肅省文物考古研究所、吉林大學北方考古研究室：《民樂東灰山考古——四壩文化墓地的揭示與研究》，頁134。

69 中國社會科學院考古研究所：《中國考古學・夏商卷》，頁562。

三 卡約文化

（一）卡約文化的發現

卡約文化以青海省湟中縣卡約遺址命名，最早於一九二三年由安特生在湟中縣李家山下西河考察發現，瑞典學者安特生將其歸入寺窪文化。[70]二十世紀五〇年代，中國科學院考古研究所、青海省文物管理委員會在湟水流域調查後發現卡約類遺存與寺窪文化有較大差別，因此將其命名為卡約文化。[71]卡約文化以青海湖與西寧、湟中之間的湟水上游地區和龍羊峽至積石峽之間的黃河兩岸為分布中心，主要分布在青海東部的黃河及其支流湟水流域，東緣為甘青地區的交界處，西可到青海湖沿岸，北抵祁連山南麓，南達青海果洛藏族自治州境內的黃河沿岸、阿尼瑪卿山北部，主要地貌為黃河及其支流的河谷地帶。[72]經過調查和發掘工作，目前發現的卡約文化遺存共一千七百餘處，主要有循化托隆都村阿哈特拉遺址[73]、湟源縣中莊村遺址[74]、循化縣蘇呼撒村遺址[75]、大通上孫家寨遺址[76]等。

---

70 安特生著、樂森璕譯：〈甘肅考古記〉，《地質學報》甲種第五號，1925年，頁19-20。

71 安志敏：〈青海的古代文化〉，《考古》1959年第7期，頁380。

72 謝端琚：《甘青地區史前考古》，頁152-169。

73 許新國、桑格本：〈卡約文化阿哈特拉類型初探〉，《青海考古學會會刊·3》，1981年，頁24-29。

74 青海省湟源縣博物館等：〈青海省湟源縣大華中莊卡約文化墓地發掘簡報〉，《考古與文物》1985年第5期，頁11。

75 青海省考古研究所：〈青海循化蘇呼撒墓地〉，《考古學報》1994年第4期，頁425-462。

76 高東陸：〈略論卡約文化〉，《考古學文化論集（三）》（北京市：文物出版社，1993年），頁158。

（二）卡約文化的文化特徵

卡約文化的居址不多，房址主要有半地穴式和地面起建兩種形式。卡約文化墓地一般選擇在大山腳下或山前小丘上，多為圓角長方形土坑豎穴墓，也有有長方形豎穴墓道偏洞室墓。葬式有一次葬、二次葬和火葬。以單人二次擾亂葬為主。未擾亂者葬式有仰身直肢、側身直肢、屈肢、俯身等，或為單人葬，或為夫婦或母子合葬。[77]卡約文化居民的日常用器主要為陶器，主要器類有沿外或沿下飾附加堆紋的花邊罐、雙耳罐、小雙耳盆、四耳罐、腹耳壺等。彩繪早期較少晚期較為多見。石器常見斧、刀、鏃、杵、磨盤，磨製而成；也有打製的敲砸器和細石器。銅器主要出自墓葬，主要有刀、斧、鉞、矛、鏃等，以及鈴、聯珠等裝飾品。西寧鮑家寨卡約文化遺址曾出土一件銅鬲，形制為二里岡上層時期商文化風格。[78]

（三）卡約文化的類型、年代與經濟生活形態

根據循化的阿哈特拉遺址和大通上孫家寨遺址為代表，可將卡約文化分為阿哈特拉和上孫兩個類型。[79]阿哈特拉遺址位於循化撒拉族自治縣街子鄉，分布於青海東部的黃河谷地，一九八〇年發掘卡約文化墓葬二百一十七座；此外還有循化縣蘇呼撒墓地和蘇志墓地。[80]阿哈特拉遺址尚未發現居址。墓葬普遍為小型墓，多有長方形或井字形木棺。隨葬陶器多為夾砂紅陶，以素面為主，紋飾主要為繩紋、劃紋、

---

77 中國社會科學院考古研究所：《中國考古學・夏商卷》，頁563。

78 趙生琛：〈青海西寧發現卡約文化銅鬲〉，《考古》1985年第7期，頁635。

79 中國社會科學院考古研究所：《中國考古學・夏商卷》，頁563。也有觀點表示卡約文化可以分為潘家梁、阿哈特拉、中莊墓地為代表的三個地方類型，參見謝端琚《甘青地區史前考古》，頁156-159。

80 許新國、桑格本：〈卡約文化阿哈特拉類型初探〉，《青海考古學會會刊・3》，1981年，頁25-29。

附加堆紋、乳釘紋及彩繪。器類有沿外或沿下飾附加堆紋的花邊罐、雙頸耳盆、雙耳罐、無耳罐等。隨葬銅器主要為斧、鉞、刀、鏃等。隨葬的動物肢體以羊為主，多為羊角；此外也有牛、馬、狗等。[81]

上孫類型以大通縣上孫家寨墓地為代表，一九七三至一九八一年青海省文物考古隊在此清理卡約文化墓葬一一一三座；上孫類型其他遺存還包括湟源縣大華中莊[82]、莫布拉遺址[83]等。上孫類型較早分布於黃河的支流湟水流域，偏晚擴展到整個卡約文化分布區。上孫類型的居址較少見，莫布拉遺址清理殘房址四座，其中二座四周殘存柱洞，另外兩座周圍沒有柱洞。墓葬形制有長方形豎穴土坑墓、豎穴墓道偏洞室墓。很多墓葬有二層臺，多有木棺。多隨葬有陶器，隨葬銅器多為刀、矛、銅鏡、戈、鏃等；動物肢體隨葬較為常見，主要為牛、羊、馬、狗、豬。

卡約文化中隨葬銅制工具、裝飾品較為普遍，表明當時的銅冶鑄業已經較為發達。阿哈特拉、湟中縣下西河等地發現了具有典型北方青銅文化特點的多孔銅鉞[84]等文物遺跡，表明卡約文化受到北方青銅文化的很大影響。卡約文化墓葬中普遍殉葬羊、牛等家畜，表明以養羊為主的畜牧業較為發達。斧、石刀、石磨盤、磨棒等農用工具的存在，說明卡約文化的居民其農業經濟已經具備一定規模。[85]

卡約文化的確切年代目前尚不十分清楚。有關卡約文化碳十四測

---

81 中國社會科學院考古研究所：《中國考古學·夏商卷》，頁564。

82 青海省湟源縣博物館、青海省文物考古隊、青海省社會科學院歷史研究室：〈青海湟源縣大華中莊卡約文化墓地發掘簡報〉，《考古與文物》1985年第5期，頁11。

83 高東陸、許淑珍：〈青海湟源莫布拉卡約文化遺存發掘簡報〉，《考古》1990年第11期，頁1012-1016。

84 青海省文物處、青海省考古研究所：《青海文物》（北京市：文物出版社，1994年），頁150。

85 中國社會科學院考古研究所：《中國考古學·夏商卷》，頁566。

年資料已經有十多個，較早的為阿哈特拉M207墓葬為西元前一八八六至前一六八一年，M12為西元前一六一五年至一四二七年，那麼卡約文化的年代上限相當於中原商文化早期，下限尚不清楚。

　　甘青地區相當於夏商時期的三種考古學文化遺存中，齊家文化的分布範圍最廣、調查和發掘資料最多、學術界的相關研究也最充分。四壩文化和卡約文化在地理分布上分別與齊家文化有重合或者交錯現象。四壩文化的年代上下限都略晚於齊家文化，但有較長一段與齊家文化是並存的。卡約文化總體上晚於齊家文化，與更晚的辛店、寺窪文化之間，在文化面貌上既有聯繫也有區別，至今尚未建立起完整清晰的文化譜系。根據《後漢書》〈西羌傳〉等傳世文獻記載，甘青地區是古代羌人居民長期活動的地方，因此學術界一般將這三種考古學文化的族群歸屬判斷為早期羌人居民。這三個不同的考古學文化中所反映出的複雜文化現象，是否能表明它們分別屬於羌族系統中不同的支系，尚待進一步的研究。

四　辛店文化

（一）辛店文化的發現

　　辛店文化以甘肅省臨洮辛店遺址命名。一九二三年至一九二四年，瑞典人安特生在甘青地區進行考古調查和發掘後，將甘青地區的考古遺存分為前後相繼的六期，將辛店遺址所出陶器稱為辛店期。[86]一九五六年在甘肅東鄉唐汪川採集的一批辛店文化陶器，被稱為「唐汪式陶器」，認為辛店文化是齊家文化之後的一支新文化，年代可能

---

86 安特生著，樂森璕譯：〈甘肅考古記〉，《地質專報》甲種，1925年第5號，農商部地質調查所印。

相當於中原地區殷周時期。[87]一九五八至一九六〇年相繼發掘了甘肅永靖張家咀遺址[88]、姬家川遺址[89]，迄今為止，已經發現辛店文化遺址三百五十餘處，典型遺址除上述外還包括臨夏蓮花臺、永靖馬路原[90]、青海民和核桃莊[91]等。從已經發掘的遺址看，辛店文化主要分布在甘青地區黃河上游及其支流洮河、大夏河、湟水、渭水上游區域，西北至青海省大通、湟中縣一帶，東南到甘肅省隴西地區。

（二）辛店文化的文化特徵

辛店文化的遺物中以陶器居多，主要為夾砂紅褐陶，其中摻有砂粒、陶末等，器表較為粗糙，陶色有黑、白、紅、紫紅、褐色，紋飾有雙鉤紋、直線紋、回紋、三角紋、網格紋以及一些動物紋飾等。器形主要有分襠袋足鬲、雙頸耳罐、盆、腹耳壺、單耳杯等，以雙耳盆、腹耳罐、雙頸耳罐最為典型。遺存中發現的銅器主要有罐、弧刃帶柄刀、矛、錐、泡等，同時發現有小件石質的斧、刀、鏃和骨製的鏃、錐、鏃、針等工具。裝飾品以瑪瑙珠、銅珠、骨管、綠松石等為常見。[92]

辛店文化的聚落遺址揭露面積較小，房址發現較少且形制單一。

---

87 安志敏：〈略論甘肅東鄉縣唐汪川的陶器〉，《考古學報》1957年第2期，頁23-31。

88 黃河水庫考古隊甘肅分隊：〈甘肅永靖縣張家咀遺址發掘簡報〉，《考古》1959年第4期，頁181-184。

89 黃河水庫考古隊甘肅分隊：〈甘肅臨夏姬家川遺址發掘簡報〉，《考古》1962年第2期，頁69-71。

90 中國社會科學院考古研究所甘肅工作隊：〈甘肅永靖蓮花臺辛店文化遺址〉，《考古》1980年第4期，頁309-310。甘肅省文物工作隊、北京大學考古系甘肅實習組：〈甘肅臨夏蓮花臺辛店文化墓葬發掘報告〉，《文物》1988年第3期，頁7-15。

91 青海省文物局考古研究所等：《民和核桃莊》（北京市：科學出版社，2004年）。

92 中國社會科學院考古研究所：《中國考古學·兩周卷》（北京市：中國社會科學出版社，2003年），頁501。

姬家川遺址發現的一座房址為半地穴式，保存完好，地面長四點六至五米，寬三點三至三點五米，殘高零點二米；地面中間有一個灶坑，直徑一米，深零點二米；房西有一條斜坡式門道，寬零點九米。蓮花臺遺址東部發現的一座房址面積更大一些，房址四角近圓，灶坑一側還有三個圓坑，研究者推測可能是放置陶罐的地方。[93]

辛店文化的墓葬發現較多，主要為長方形土坑豎穴墓，還有部分偏洞室墓。一些墓葬帶有壁龕，部分有木棺。葬式包括仰身直肢葬、二次葬，少數為屈肢葬、俯身葬、側身直肢葬，同時也有部分合葬墓。墓中主要隨葬陶器，也發現有小型工具和裝飾品以及牛、羊等動物肢骨。

（三）辛店文化的類型、年代與經濟生活形態

根據張家咀遺址和姬家川遺址可將辛店文化的遺存分為姬家川、張家咀兩個類型[94]，碳十四資料表明姬家川類型要早於張家咀類型。姬家川遺址位於永靖南部、黃河西岸的臺地上，面積約1萬平方米。遺址包含齊家文化和辛店文化姬家川類型的遺存，一九六〇年發掘、揭露面積六七五平方米，發現姬家川類型疊壓齊家文化的層位關係，清理姬家川類型的房址、墓葬各一處，灰坑四十一個。張家咀類型位於永靖西南二十公里，在大夏河匯入黃河的入口處，面積約二萬平方米，遺址包含齊家文化和辛店文化張家咀類型的遺存，一九五八年發掘、揭露面積九九五平方米，發現張家咀類型疊壓齊家文化的層位關

---

93 中國社會科學院考古研究所：《中國考古學‧兩周卷》，頁501-502。中國社會科學院考古研究所：《新中國的考古發現和研究》（北京市：文物出版社，1984年），頁354。

94 中國社會科學院考古研究所甘肅工作隊：〈甘肅永靖張家咀與姬家川遺址的發掘〉，《考古學報》1980年第2期，頁187。謝端琚：《略論辛店文化》，《文物資料叢刊》9（北京市：文物出版社，1985年），頁61。中國社會科學院考古研究所：《新中國的考古發現和研究》，頁350。

係，清理了張家咀類型的灰坑一百六十五個。[95]根據民和核桃莊山家頭墓地出土資料，發掘者提出新的「山家頭類型」[96]，流行圜底陶罐，器表多繩紋，彩陶少，年代可早至商。[97]

辛店文化姬家川、張家咀遺址均發現辛店文化打破齊家文化的層位關係，這表明辛店文化要晚於齊家文化。蓮花臺墓地中M10打破M11，其中M10屬於姬家川類型，M11屬於山家頭類遺存；從同類陶器如雙頸耳繩紋罐、腹耳罐等器物的形制來看，各地姬家川類型的這些器物應晚於山家頭類遺存的同類器物，說明姬家川類型應晚於山家頭類遺存。[98]張家咀類型的年代，根據典型陶器形制分析，應晚於姬家川類型。根據碳十四測定資料顯示，辛店文化的絕對年代為西元前一千四百至前七百年。

民和核桃莊人骨鑑定結果表明，辛店文化居民的基本種族類型屬於東亞蒙古人種，但同時含有某些接近北亞蒙古人種的體質因素。[99]辛店文化一般認為屬於羌人族群的遺存。

五　寺窪文化

（一）寺窪文化的發現

一九二四年，瑞典考古學家安特生在甘肅臨洮寺窪山調查發現八

95　中國社會科學院考古研究所：《中國考古學・兩周卷》，頁500-501。

96　也有研究者稱為「山家頭類遺存」，參見水濤、張學正、韓翀飛：〈辛店文化研究〉，《考古學文化論集（三）》，頁123。

97　青海省文物管理處：〈青海民和核桃莊山家頭墓地清理簡報〉，《文物》1992年第11期，頁31。

98　中國社會科學院考古研究所：《中國考古學・兩周卷》，頁506。

99　王明輝、朱泓：〈民和核桃莊史前文化墓地人骨研究〉，《民和核桃莊》附錄（北京市：科學出版社，2004年），頁281。

座寺窪文化墓葬，稱之為「寺窪期」[100]。一九四五年，夏鼐先生在當地發現六座寺窪文化墓葬，並將這一遺存正式命名為寺窪文化，並認為寺窪文化的族屬為古代氏羌族。[101]一九四七年，裴文中在此地清理一座墓葬。[102]五〇年代以來在洮河流域的考古調查發現了多處屬於寺窪文化的遺址和墓葬，根據這些發現當時判斷寺窪文化分布於甘肅中部的洮河流域一帶。[103]一九五八年在甘肅平涼安國鎮出土的「安國式陶器」[104]也為認為屬於寺窪文化，由此可知寺窪文化在甘肅東部地區也有分布。七〇年代以來經過調查和發掘[105]，目前發現的寺窪文化遺存和墓葬有五十餘處，典型遺址有臨洮寺窪山、莊浪徐家碾[106]、西和欄橋[107]、合水九站[108]等。從地理分布上看，寺窪文化主要分布在甘肅中南部地區的洮河、白龍江、西漢水流域，東部的涇水及其上游支流的一帶地區。

（二）寺窪文化的文化特徵

寺窪文化的出土遺物中以陶器居多，主要為夾砂陶。陶色多不純

---

100 安特生著，樂森璕譯：〈甘肅考古記〉，《地質專報》甲種，1925年第5號，農商部地質調查所印，頁8-9。

101 夏鼐：〈臨洮寺窪山發掘記〉，《中國考古學報》第四冊，1949年，頁71-72。

102 裴文中、米泰恒：《甘肅史前考古報告初稿》，油印本，1948年。

103 甘肅省博物館：〈甘肅古文化遺存〉，《考古學報》1960年第2期，頁22。

104 甘肅省博物館：〈甘肅古文化遺存〉，《考古學報》1960年第2期，頁22。

105 長江流域規劃辦公室考古隊甘肅分隊：〈白龍江流域考古調查簡報〉，《文物資料叢刊》2（北京市：文物出版社，1978年）。

106 中國社會科學院考古研究所涇渭工作隊：〈甘肅莊浪縣徐家碾寺窪文化墓葬發掘紀要〉，《考古》1982年第6期，頁584。

107 甘肅省文物工作隊、北京大學考古學系、西和縣文化館：〈甘肅西和欄橋寺窪文化墓葬〉，《考古》1987年第8期，頁678。

108 北京大學考古系、甘肅省文物考古研究所：〈甘肅合水九站遺址發掘報告〉，《考古學研究（三）》（北京市：科學出版社，1997年），頁300。

正，以褐色為主。器表多素面，部分器物上有短條狀附加堆紋、劃紋、繩紋等，一些陶罐上還刻有符號。少量彩繪陶，圖案較簡單。器類主要有馬鞍口雙頸耳罐、平口雙頸耳罐、分襠鬲、豆、單耳罐、腹耳罐、無耳罐等，其中以馬鞍口雙耳罐獨具特色。出土工具有石刀、蚌刀、石斧和骨匕、鏟、鏃等，兵器有銅戈、鏃以及一些鈴、泡等裝飾品。[109]

寺窪文化的居址僅見於合水九站遺址，目前發現有房址、灰坑、水槽等。房址F1為地面建築，已經被嚴重破壞，範圍三十平方米左右。寺窪文化墓葬多為長方形土坑豎穴墓，個別為洞室墓，其中小型墓居多。多數墓葬有生土或熟土二層臺，部分墓葬兩端有壁龕。葬具多為單棺，個別墓葬為一棺一槨。葬式有仰身直肢葬、二次葬、火葬多種；一般為單人葬，個別為兩人或多人合葬。多隨葬陶器，少數墓葬中出有動物遺骨、兵器、工具及裝飾品等。極少數墓葬發現有殉人現象，一般為一人。

寺窪文化遺存中存在大量周鄰其他考古學文化的因素，最明顯為周文化因素，如聯襠鬲、聯襠甗、折肩罐等典型周文化風格；九站墓地出土直內戈形制也與西周文化同類器物完全相同；徐家碾墓地出土的三角援戈見於關中地區的周文化遺存，更是陝南漢中地區蜀文化遺存的典型器物。這表明寺窪文化與這些文化有一定關係。[110]

（三）寺窪文化的年代與經濟生活形態

目前研究表明，寺窪文化可以分為三期，年代約從晚商至西周晚期；根據文化遺存的年代早晚和地域性差異，可將寺窪文化分為三個地方類型：寺窪山類型、九站類型、徐家碾——欄橋類型。一般認為

---

109 井中偉：《夏商周考古學》，頁498。
110 中國社會科學院考古研究所：《中國考古學・兩周卷》，頁510。

寺窪文化的年代早於西周文化，晚於齊家文化。二十世紀七○年代，寶雞竹園溝一座西周墓葬中出土雙頸耳罐等寺窪文化典型陶器，[111]表明寺窪文化至少與西周早期文化並行。通過九站遺址與周文化年代序列比較，九站一期相當於西周早期，上限可以早到商代末期，二期相當於西周晚期。由此可知，九站遺址的年代與西周時期大體相當。[112]

六　沙井文化

（一）沙井文化的發現

沙井文化主要分布於河西走廊東部，石羊河和金川河下游及湖沼沿岸的綠洲上，向北深入到現騰格里沙漠腹地的民勤地區，以甘肅民勤沙井遺存命名。一九二三年安特生在河西走廊考察時發現沙井遺址，將以沙井遺址為代表的文化遺存定為沙井期，認為是甘青古文化六期中最晚的一期。[113]一九四八年，裴文中在甘青地區考察時調查了民勤柳湖墩、沙井附近的幾處遺址，在調查報告中稱之為「沙井文化」，認為該文化由馬廠期發展而來。[114]一九五六年，甘肅省文物普查時對沙井柳湖墩遺址作了調查。[115]七、八○年代以來，甘肅省博物館文物工作隊對永昌三角城遺址和蛤蟆墩墓地進行了數次調查與發掘工作。[116]

---

111 盧連成、胡智生：《寶雞強國墓地》（北京市：文物出版社，1988年）。

112 中國社會科學院考古研究所：《中國考古學・兩周卷》，頁510。

113 安特生著，樂森璕譯：〈甘肅考古記〉，《地質專報》甲種，1925年第5號，農商部地質調查所印。

114 裴文中：〈中國西北甘肅河西走廊和青海地區的考古調查〉，《裴文中史前考古學論文集》（北京市：文物出版社，1987年），頁258-262。

115 甘肅省博物館：〈甘肅古文化遺存〉，《考古學報》1960年第2期，頁11。

116 甘肅省博物館文物工作隊、武威地區展覽館：〈甘肅永昌三角城沙井文化遺址調

（二）沙井文化的文化特徵

　　沙井文化的典型遺址為沙井遺址，三角城遺址與蛤蟆墩墓地。沙井遺址位於民勤縣沙井村南的柳湖墩附近，一九二四年安特生調查並發掘了墓葬四十四座，在柳湖墩附近發現一座有圍牆的圓形聚落遺址。二十世紀五〇年代年代調查沙井遺址東西四五〇米，南北三〇〇米，堆積厚度零點三米，發現有墓葬以及石器、陶器等遺物。三角城遺址位於金昌東北二十公里，地勢西高東低，開闊平坦。一九七九年在城內發掘面積四三〇平方米，在城址內西北部發現房址四座，窖穴十四個。蛤蟆墩墓地位於三角城以西一千米，一九七九年發掘清理墓葬二十座。

　　金昌三角城城址平面大致呈長方形，西北角向外突出，故名三角城。城址南北長一五四米，東西最寬處一三二米，面積二萬餘平方米，是目前沙井文化中最大的一座城址。城牆用黃土依照天然地勢壘築。城內西北部發現房址四座，窖穴十四個，出土大批文化遺物，在城址西一千米有蛤蟆墩墓地。這表示三角城是一處具有城堡性質的較高級別的遺址。

　　沙井文化墓葬形制主要為偏洞室墓赫爾土坑豎穴墓兩種，主要為單人仰身直肢葬，也有側身屈肢葬、亂骨葬、二次葬和合葬墓。蛤蟆墩墓地的墓葬方向在正北到四十度之間，頭朝北或東北。葬俗也很有特色，半數在墓底鋪墊石灰和草席，墓主身上蓋草席，有的將頭、腳用草席包裹。有的墓內頭骨周圍撒有赤色顏料。有的口內含綠松石珠，或在雙目部位覆蓋有皮眼罩。有的墓內骨骼被火燒過。流行殉牲，絕大多數豎穴墓在墓主頭部一側的填土上有牛、羊、馬頭骨及蹄

査〉，《考古》1984年第7期，頁598。甘肅省文物考古研究所：〈永昌三角城與蛤蟆墩沙井文化遺址〉，《考古學報》1990年第2期，頁205。

骨。隨葬品多為小件銅器、裝飾品及部分木器和麻紡織品，陶器較少。[117]

　　沙井文化陶器多為夾砂紅褐陶，泥質陶較為少見，製作較粗糙，紋飾多見附加堆紋、鋸齒紋，還有繩紋、劃紋、弦紋、水波紋、凸棱紋、乳釘紋、蛇紋等，彩陶全部為紅彩，施有橫豎短線紋、三角紋、水波紋、網格紋等組成的幾何形圖案，器類主要有罐、鬲、杯、豆、盆和碗等，以帶耳圜底罐、平底罐、帶鋬袋足鬲、筒狀杯最為典型。[118]

（三）沙井文化的年代與經濟生活形態

　　沙井文化的經濟形態，從部分墓葬中殉葬很多牲畜的情況看，畜牧業可能較為發達。從遺址出土較多的石球、陶球，以及墓葬中發現箭鏃、箭杆、弓弭來分析，狩獵活動在經濟中也占有一定地位。此外，遺址中石鏟、石刀及糧食加工工具如石臼、石杵、石磨盤等遺物的發現，說明當時也存在著農業活動。因此，沙井文化應以畜牧業為主，輔以部分農業生產。

　　根據沙井文化的碳十四測定資料，沙井文化的年代在西元前九百年至西元前四百零九年之間，大致相當於中原西周晚期至戰國早期。[119]

七　劉家文化

　　劉家類遺存分布在天水以東、扶風以西的渭水流域，東到陝西扶

---

117 中國社會科學院考古研究所：《中國考古學‧兩周卷》，頁512。

118 井中偉：《夏商周考古學》，頁504。

119 中國社會科學院考古研究所：《中國考古學‧兩周卷》，頁514。

風、眉縣一帶[120]，向西可達甘肅天水、莊浪一帶[121]，北達甘肅平涼[122]，南抵秦嶺，以陝西寶雞一帶最為密集。[123]劉家文化主要遺址除扶風劉家外，還有寶雞石嘴頭、紙坊頭[124]、高家村[125]等。

劉家類遺存的居址發掘很少。已發現的墓葬均為小型墓，形制多為帶豎穴墓道的偏洞室墓，器口普遍壓石片；也有土坑豎穴墓。隨葬品基本為陶器，或僅為鬲，也有部分器類較多，器物組合、數量不定。常見陶器除分襠袋足鬲外，還有單、雙耳罐、折肩罐，部分墓葬還隨葬有管、鈴、泡等。[126]

一九八一年陝西周原考古隊發掘扶風劉家墓地，劉家墓地位於周原遺址中心區域，南距扶風縣十五公里。《發掘簡報》將其中二十座墓葬中隨葬分襠袋足鬲的墓葬分為六期，認為時代上限早到二里頭文化晚期，下限晚到周武王時。

劉家墓地的年代、分期、文化性質存在較大分歧。一種觀點認為劉家墓葬與碾子坡類遺存並無文化性質上的差別，同屬先周文化，[127]二者的不同僅體現在隨葬品與居址生活用器的不同。[128]一種觀點認為

---

120 陝西周原考古隊：〈扶風劉家姜戎墓葬發掘簡報〉，《文物》1984年第7期，頁16。
　　張天恩：〈高領袋足鬲的研究〉，《文物》1989年第6期，頁40-43。
121 程曉鐘：〈甘肅省莊浪縣出土的高領袋足鬲〉，《華夏考古》1996年第2期，頁90。
122 喬今同：〈平涼縣發現石器時代遺址〉，《文物參考資料》1956年第12期，頁75。
123 劉寶愛：〈寶雞發現辛店文化陶器〉，《考古》1985年第9期，頁850。寶雞市考古隊：〈寶雞市附近古遺址調查〉，《文物》1989年第6期，頁22。
124 寶雞市考古隊：〈寶雞市紙坊頭遺址試掘簡報〉，《文物》1989年第5期，頁47-55。
125 寶雞市考古工作隊：〈陝西寶雞市高家村遺址發掘簡報〉，《考古》1998年第4期，頁289-294。
126 中國社會科學院考古研究所：《中國考古學・夏商卷》，頁528。
127 盧連成：〈扶風劉家先周墓地剖析〉，《考古與文物》1985年第2期，頁37。胡謙盈：〈試論先周文化及其相關問題〉，《中國考古學研究（二）》（北京市：科學出版社，1986年），頁70-75。
128 飯島武次：〈先周文化の陶器研究——劉家遺跡〉，日本《考古學雜誌》第74卷第1號，1988年，頁249-253。

劉家墓葬應是一支獨立的考古學文化，即劉家文化。[129]第三種觀點認為劉家墓葬M49屬於寺窪文化範疇，其他墓葬屬於獨立的考古學文化，可稱為「劉家遺存」。[130]

劉家類遺存的墓葬形制和隨葬品等表現出濃厚而獨特的葬俗特點，同時，這種特點隨著時代的不同又有較大差異。因此，劉家墓葬文化性質的判定，應在對其分期的基礎上作具體分析。我們認為，劉家墓葬可分為三期，其中除第三期為鄭家坡類型遺存外，一、二期均屬於劉家類文化遺存。[131]

第　期墓葬有M3、M27等。分襠袋足鬲為短領，袋足外鼓，高襠，無實足跟或足極短，罐體瘦高，高肩。年代相當於殷墟二期偏晚。第二期墓葬有M7、M8、M11、M37、M41、M47等。分襠袋足鬲的領較長，襠變低，鬲足多為扁錐形，次為扁柱或圓錐形。折肩罐體多較胖，單、雙耳罐、腹耳罐多為平底，少數為圓底。器耳或飾「X」形劃紋，紙窩紋或三角刺紋。年代相當於殷墟三期。劉家一、二期墓葬的特徵一致，形制為帶豎穴墓道的偏洞室墓，隨葬品基本為陶器，器物組合、數量不定，器類有鬲、罐兩大類，其中鬲全為分襠袋足鬲，罐有單、雙耳罐、腹耳罐、折肩罐等。正是這兩期墓葬表現出有別於其他考古學文化遺存的獨特特點。

有學者認為，劉家文化可分為五期，年代約當二里岡上層時期至殷墟四期，起源地可能在甘肅東部的隴山以西地區，認為該文化是古羌族文化的一支。[132]

129 陝西周原考古隊：〈扶風劉家姜戎墓葬發掘簡報〉，《文物》1984年第7期，頁26。

130 孫華：〈關中商代諸遺址的新認識——壹家堡遺址發掘的意義〉，《考古》1993年第5期，頁427。

131 牛世山：〈關於劉家墓地的幾個問題〉，《中原文物》1997年第4期，頁83-85。中國社會科學院考古研究所：《中國考古學·夏商卷》，頁530。

132 張天恩：《關中商代文化研究》（北京市：文物出版社，2004年），頁277-318。

第三章
早期羌人居民的火葬葬俗

一　羌人火葬的史料記載與考古學發現

　　火葬為葬式的一種，是以以火焚屍的方式安葬死者，屍體焚燒後的骨灰通常放在毯、缸、甕、盒等容器中，有的置於或撒在特定的地方。[1]在我國早期的典籍中，就有這方面的記錄。

　　《荀子》〈大略篇〉：「氐羌之虜也，不憂其係纍也，而憂其不焚也。」[2]

　　《呂氏春秋》〈義賞〉：「氐羌之民，其虜也，不憂其係纍也，而憂其死不焚也。」[3]

　　《墨子》〈節葬下〉：「秦之西有儀渠之國者，其親戚死，聚柴薪而焚之，燻上謂之登遐。」[4]

　　《列子》〈湯問〉：「秦之西有儀渠之國者，其親戚死，聚柴積而焚之，燻則煙上，謂之登遐，然後成為孝子。」[5]

　　此外，也有一些後世較晚的史料。《舊唐書》〈黨項羌〉：「死則焚

1　《中國大百科全書》總編委會：《中國大百科全書（第二版）》第10冊（北京市：中國大百科全書出版社，2009年），頁430。

2　〔清〕王先謙注：《荀子》，國學整理社《諸子集成》（北京市：中華書局，1986年），頁330。

3　〔漢〕高誘注：《呂氏春秋》，國學整理社《諸子集成》（北京市：中華書局，1986年），頁149。

4　吳毓江撰，孫啟治點校：《墨子校注》（北京市：中華書局，1993年），頁268。

5　〔漢〕張湛注：《列子》，國學整理社《諸子集成》（北京市：中華書局，1986年），頁58。

尸，名為火葬。」[6]《太平御覽》卷七九四《四夷部》:「羌人死，燔而揚其灰。」[7]

羌人火葬習俗主要記載與《莊子》、《呂氏春秋》等典籍中，有學者認為這種原因在於火葬這種葬式對於以農業為主要經濟形態而追求穩定的農耕民族來說，一為怪異，將其當作奇風異俗記錄於多記載神話怪異之事的《莊子》中；二是中原地區為穩定農業經濟，與遊牧民族的經濟觀念不同，因此氐羌居民火葬葬俗被凸顯出來。而中原地區與羌人接觸較早，是這種火葬記錄多為氐羌而非其他居民的原因。[8]

火葬葬俗與氐羌居民的關係，較為科學的推論最早由夏鼐先生提出。瑞典人安特生一九二四年調查發掘甘肅臨洮寺窪山的史前遺址，發掘墓葬八座；一九四五年夏鼐到臨洮進行史前遺址調查工作，清理發掘了墓葬六座。發掘墓葬的屍體處理方式可見有三種：一是火葬後將骨灰盛在陶罐中，如第零號墓；二是平放仰臥，如第三、第五、第六各墓；三是亂骨一堆，如第一、第二和第四號墓。[9]關於第三種葬式也即二次擾亂葬，夏鼐先生根據原始先民「二次埋葬制」的習俗、《墨子》、《列子》等文獻的記載以及埃及新石器時期墓葬的發掘情況，謹慎地指出這種形制可能是由於二次埋葬制的緣故。而第一種將火葬後的骨灰盛在陶罐中的火葬墓，為考古學發掘中的第一例。夏鼐先生指出：「這墓中收藏骨灰的陶罐和殉葬罐，都是標準型的寺窪

6　〔後晉〕劉昫等:《舊唐書》卷一百九十八〈黨項羌〉（北京市：中華書局，1975年），頁2876。

7　〔宋〕李昉等:《太平御覽》卷七百九十四〈四夷部〉（北京市：中華書局，2000年），頁3522。

8　陳東:〈彝族、納西族「火葬氐羌說」質疑〉,《四川大學學報（哲學社會科學版）》2004年增刊，頁61-62。

9　夏鼐:〈臨洮寺窪山發掘記〉,《考古學論文集》（北京市：科學出版社，1961年），頁25。

陶。這是屬於寺窪期文化，毫無疑問。可見當時是火葬制和全屍土埋制，同時存在。」[10]結合《墨子》、《荀子》、《後漢書》、《呂氏春秋》以及《舊唐書》〈黨項羌〉的記載，夏鼐指出：「至於當時這種火葬制是通行於全體的氐羌呢？或僅限於某數部落？我們還未能確知，但是後者的可能性比較大。採用火葬制的氐羌部落，是否專行火葬，或僅是部落中一部分人實行火葬，我們也無法確定。因為縱使是兩三種葬法同時存在，但是由視火葬為大謬的漢人的眼光看起來，自然特別注意著特異的火葬制。」而兩種葬俗同時存在的原因，夏鼐給出兩種不同的解釋，一種是向來流行的說法，認定屍體處理方法是最保守的風俗，除非是在社會特別需要的重壓下才會有改變；所以不同的葬制同時存在，幾乎可以說一定是由不同民族的混合，或一土著民族受他一民族文化的影響。另一種以為屍體處置方法也像衣飾或髮髻之類，是有一時的風尚或時髦；一個社會中某一部分人也可以自動的改變他們的葬俗，逐漸被這一社會的全體或某一階級的人所採納，並不一定要收外來種族上或文化上的影響。[11]夏鼐先生將寺窪文化的火葬墓遺跡與氐羌民族相聯繫，實際上為我們後來探討早期羌人居民的火葬葬俗與族屬判斷等諸問題提供了一個最初的方向，這一命題實際上也是本書的出發點之一。

二　早期羌族居民的火葬墓與火葬形式

（一）齊家文化的火葬墓

　　齊家文化的火葬墓現象主要發現於甘肅臨潭縣陳旗鄉磨溝遺址，

---

10 夏鼐：〈臨洮寺窪山發掘記〉，《考古學論文集》，頁26。
11 夏鼐：〈臨洮寺窪山發掘記〉，《考古學論文集》，頁26-27。

磨溝遺址位於甘肅臨潭縣陳旗鄉磨溝村西北，地處黃河上游青藏高原東北邊緣的山間臺地上，北臨洮河，東、南、西三面環山。一九八〇年調查時發現了馬家窯、齊家、寺窪文化及宋代遺存，一九八四年山洪爆發沖出百餘件齊家、寺窪文化陶器、石器及各類文化遺物。經二〇〇七至二〇〇八年調查和局部鑽探，確認磨溝村北約一百米處的遺址東北部有大片墓葬區。墓地保存基本完整，僅東北部邊緣因自然沖溝而遭到局部破壞，墓地面積約八千平方米。[12]

二〇〇八至二〇一一年，以九甸峽水庫建設為契機，甘肅省文物考古研究所與西北大學文化遺產學院聯合在這裡進行考古發掘。二〇〇八年的第一階段發掘便引起了社會的高度關注，獲選「2008年度全國十大考古新發現」，並被列為第三期「中華文明探源工程」在黃河上游地區的一項重要考古研究項目。經過四年六個階段的發掘，發掘總面積約一萬兩千平方米，清理出以齊家文化為主的墓葬一六八八座。通過對數量眾多的墓葬的發掘，獲得了大量有關墓葬結構、埋葬過程及埋葬習俗等方面的資訊，對於認識黃河上游地區的文明進程有重要意義。[13]

在清理、發掘的一六八八座墓葬中，除二十一座寺窪文化墓葬外，其餘皆為齊家文化墓葬。墓地佈局完整，由西北向東南排列，計有二十九列，排列整齊，各列之間距離不等，窄者約零點九米，寬者約一點四米。墓葬之間的距離並不一致，一般為一米左右。較窄者個別存在疊壓打破關係。每列墓葬數量不一，多者可達百餘座，少者一兩座。墓葬方向基本為西北向，個別墓葬為南北向。墓葬結構複雜，

12 甘肅省文物考古研究所、西北大學文化遺產與考古學研究中心：〈甘肅臨潭磨溝齊家文化墓地發掘簡報〉，《文物》2019年第10期，頁4。

13 毛瑞林：〈黃河上游的早期青銅文明臨潭磨溝遺址齊家文化墓地〉，《大眾考古》2013年第5期，頁44。

根據墓穴部分的主要結構特點，可分豎穴土坑和豎穴偏室兩大類。有些墓豎穴的前端或側旁發現有作為墓上標誌豎立的較高的長條形扁平石塊，有些墓口上部還發現有封土遺存，封土下有數量不等的墓葬，還有在封土內填埋火葬墓的現象。墓葬形式以土葬為主，除土葬外，也發現有十餘例火葬墓或個別土葬與火葬混合埋葬的現象。火葬是遺體經焚化、骸骨經碎化處理後再盛入陶器即火葬罐內。一般是先挖一小坑，用扁平石塊或石板圍置呈長方形淺豎穴，然後內置火葬罐後在頂部覆蓋石板，火葬罐一至五件等。[14]比較典型的墓葬有M285、M434、M469、M610、M934等。

　　M285為一座火葬墓。墓葬結構為豎穴土坑墓，平面近方形，長零點五八米、寬零點四六、深零點三米，方向為三百度。坑內放置一件雙耳陶罐，罐內裝滿燒骨碎塊，當為人骨。陶罐四周用經過人工修整的石板圍成一圈，頂部用一塊石板封蓋。[15]該雙耳罐為泥制灰陶，侈口，圓唇，束頸，溜肩，鼓腹，平底，口頸部豎向且對稱貼附雙耳。雙耳上端飾有錯向相交的戳刺紋，肩部亦有兩周戳刺紋，由一條斜向短杠和三條橫向短杠相交構成基本元素，其中下部一周戳刺紋間隔成組。口徑十四點四、底徑九點六、高十九點二、腹徑十九釐米。[16]

14 毛瑞林：〈黃河上游的早期青銅文明臨潭磨溝遺址齊家文化墓地〉，《大眾考古》2013年第5期，頁44。

15 錢耀鵬、周靜等：〈甘肅臨潭磨溝齊家文化墓地發掘的收穫與意義〉，《西北大學學報》2009年第5期，頁6。

16 周豔麗：《甘青地區新石器時代至青銅時代火葬墓研究》，（蘭州市：西北師範大學碩士學位論文，2018年），頁14。

圖1 臨潭磨溝M285結構解剖側視[17]

M469、M934土坑內放置一件骨灰罐，M434土坑內放置有三件骨灰罐，M610放置有二件骨灰罐。[18]

土葬與火葬混合型墓葬，即在同一座豎穴偏室墓中同時存在土葬和火葬兩種埋葬形式。這種埋葬現象僅發現一例。[19]M233為一座豎穴墓道偏室墓，墓道左右兩側各有一偏室，右偏室局部打破M209左下偏室，墓道內還設有頭龕。墓道平面形狀為圓角長方形，長一點七五、寬零點六、深一點四米，方向為三百零二度。墓道兩端未發現封門槽設施，但靠近左右偏室處均發現有不甚明顯的封門板六灰痕。墓道填土為黃灰色五花土。頭龕位於墓道頭端中部偏上，頂部距墓口零點四米。口部及底面皆呈圓角長方形，寬零點五六、高零點四、進深

---

17 錢耀鵬、周靜等：〈甘肅臨潭磨溝齊家文化墓地發掘的收穫與意義〉，《西北大學學報》2009年第5期，頁6。

18 周豔麗：《甘青地區新石器時代至青銅時代火葬墓研究》，（蘭州市：西北師範大學碩士學位論文，2018年）。陳洪海：〈甘青地區史前時期的墓葬〉（2017年8月6日，http://www.kaogu.cn/cn/xueshudongtai/xueshudongtai/xueshudongtai/2017/0806/59158.html，2017年9月13日）。

19 錢耀鵬、周靜等：〈甘肅臨潭磨溝齊家文化墓地發掘的收穫與意義〉，《西北大學學報》2009年第5期，頁6。

零點三米。龕內出有腹耳罐、雙耳罐、侈口罐、缽及陶紡輪共五件隨葬器物。

左偏室底面低於墓道底面零點一米，口部呈半圓形，底面呈圓角長方形，弧形頂。口部長零點九二、室內最長一點零八、高零點五四、進深零點五八米。填土為灰色五花土。偏室內側西北部縱長堆放一堆燒骨碎塊，燒骨西南部有一堆細膩的灰燼，似為骨灰。燒骨中發現一枚骨錐及數量難辨的殘破銅環。偏室口部擺放兩排共十件隨葬陶器，包括雙耳罐四件、侈口罐、小口圓腹罐、碗各二件。其中一件小口圓腹罐內裝滿燒骨，一件侈口罐內夾雜少量燒骨，一件雙耳罐內裝有骨灰。右偏室底面低於墓道底面零點一米，口部呈半圓形，底面呈圓角長方形，弧形頂。口部長一點三、室內最長一點九四、高零點五三、進深零點八六米。填土主要為塌陷黃土堆積。偏室內發現二具人骨，分別編號I、II，頭向西北，仰身直肢。I號靠近偏室口部，成年男性，仰身直肢，骨骼稍有擾亂痕跡，頭骨倒置，面向下，雙臂彎曲交於腹部，右臂尺骨、橈骨稍顯散亂。II號位於偏室內側，成年女性，仰身直肢，面向上，但軀幹部分擾亂嚴重。II號人骨頸部發現大量滑石珠。[20]

M233是少見的土葬與火葬相結合存在的墓葬，但是兩種喪葬形式卻分別分布於左右兩個偏室中。發掘者稱這種形式「似有意為之」，是很值得重視的。M233左偏室的火葬現象不同於M285，除在陶器中盛置燒骨或骨灰之外，在偏室內側也有直接堆放燒骨碎塊及骨灰，發掘者認為直接堆放於偏室的可能系成人火葬者，而置於陶器之內的則可能為兒童火葬者，尚有待人骨鑒定結果進一步驗證。

---

20 錢耀鵬、周靜等：〈甘肅臨潭磨溝齊家文化墓地發掘的收穫與意義〉，《西北大學學報》2009年第5期，頁6-7。

圖2　臨潭磨溝M233左偏室與右偏室[21]

　　磨溝遺址發現有殉人殉牲現象，從發掘情況來看，墓道埋人的殉
葬現象多為未成年小孩和成年女性。殉人一般為一至四人不等，置於
墓道之中，或在墓道底部再挖一淺穴埋人，然後填平踩實，或直接置
於墓道底部，多人者或直接相互疊壓，或分數層埋葬。墓道殉人的頭
向多數與墓葬方向相反，也有個別與墓葬方向一致。葬式多樣，以俯
身葬、側身葬居多，也有仰身直肢葬等，甚至存在側身曲肢雙手掩面
或蹲坐式、跪拜式。捆綁、掙扎姿態似為活埋所致，也有少數人骨放
置較為規整。個別墓葬發現有殉牲現象，有完整的狗、羊等動物遺
骸。有些墓葬的墓道填土中則發現有數量不等的牛頭骨或羊、豬、鹿
等動物的下頜骨，以及一些完整或被打碎的陶器，可能與埋葬過程中
的祭奠活動有關。[22]

---

21 錢耀鵬、周靜等：〈甘肅臨潭磨溝齊家文化墓地發掘的收穫與意義〉，《西北大學學
　　報》2009年第5期，頁6。
22 毛瑞林：〈黃河上游的早期青銅文明臨潭磨溝遺址齊家文化墓地〉，《大眾考古》
　　2013年第5期，頁44。

（二）卡約文化的火葬墓

　　分布在黃河沿岸的卡約文化，主要以循化阿哈特拉山和蘇志村墓地為代表，俞偉超介紹說：「（阿哈特拉遺存和蘇志墓地）埋葬只見豎穴土坑墓，都用木棺，並多火葬，有的甚至將墓壙的壁、底都燒紅。」[23]一九八〇年，青海省文物考古研究所在位於循化縣街子崖公社托都隆村的阿哈特拉墓地共清理墓葬二一七座，平面多呈圓角長方形，都是豎穴土坑墓，均使用木棺，且墓向皆為南北向。葬式多樣，也有火葬墓，但未見於發掘資料，火葬墓數量不詳。一九八一年，青海省考古隊和北京大學歷史系在位於查汗都斯鄉蘇志村的蘇志蘋果園墓地共發掘墓葬二十六座，其中二座為火葬墓，均為長方形土坑豎穴墓，使用木質葬具，墓向為南北向。蘇志墓地的火葬採用墓內焚燒棺板和人骨的方式，人骨及棺板皆燒的不透徹。墓葬均發現於二座小土包上，土包為人工堆築，發掘者稱為墳丘式。關於蘇志墓地的火葬墓，發掘報告有所出入。《青海省志・文物志》記載蘇志蘋果園墓地發現墓葬二十六座，火葬墓二座。[24]但是參加過發掘過程的周慶明，根據北京大學歷史系考古專業青海實習隊完成的《青海省循化縣蘇志墓地發掘報告》指出「蘇志墓地二十七座墓中，共有十三座實行火葬，如M15整個墓棺皆被火燒過，底板和東壁北側已被燒成灰，棺外部分，墓壁亦燒成堅硬的紅燒土，棺中只見零星的骨灰。」[25]

　　阿哈特拉墓地大多數採用圓角長方形豎穴形制，墓向都為南北

23　俞偉超：〈關於「卡約文化」和「唐汪文化」的新認識〉，《先秦兩漢考古論集》（北京市：文物出版社，1985年），頁196。

24　青海省地方誌編纂委員會：《青海省志・文物志》（西寧市：青海人民出版社，2001年），頁87。

25　周慶明：〈卡約文化和寺窪文化的族屬問題兼論我國古羌人的起源〉，《中國歷史博物館館刊》1984年總第6期，頁16。

向，均有木棺葬具，木棺採用榫卯結構，一般均輪廓清晰，保存完好，用一至四塊木板拼接而成，平面形狀呈現「橢圓」、「井」形和梯形。隨葬品較為豐富的墓葬均有棺蓋和底板。墓葬一般都有熟土二層臺。檯面略與管板登高，在二層臺上放置羊角、卵石和葬品。大部分墓葬陶器均放置在骨架腳部，一部分墓葬有腳坑。坑內放置隨葬品。[26]阿哈特拉墓葬的葬式較為複雜，包括男性合葬、女性合葬、男女合葬、母子合葬、家庭合葬以及單人葬等。最為普遍的是二次葬和遷葬，亂骨散布、肢體不全的現象較為常見，也發現有完全沒有骨架和隨葬品的空墓。阿哈特拉墓地發現有多組殉葬現象，有殉人頭或人骨架與隨葬品同置於熟土二層臺，也有人骨架側身屈肢置於墓主腳部。這一類墓葬特點明顯，墓主多為男性，均發現有大量隨葬品，在棺板和二層臺上常見有大量羊角，這表明阿哈特拉墓地已經出現有較為明顯的貧富分化、等級差距的現象。

　　蘇志蘋果園墓地資料尚未發表，[27]其發掘情況，一般多採用二十六座墓葬中火葬墓二座的發掘報告。蘇志墓地全部分布在兩個小土包上，都是長方形豎穴土坑墓，部分墓葬使用木棺。葬式以二次擾亂葬居多，有仰身直肢葬，都是單人葬。隨葬陶器大部分以三件為組合。[28]關於這種墳丘墓，俞偉超認為屬於卡約文化系統的人群有挑選山丘作為墓地的習慣，因此這種人工堆築的墳丘是對傳統習慣的模擬。這種墳丘墓傳到中原地區，很可能就是封土堆興起的源頭。至於在墳丘墓周圍的圍墓溝，在山西侯馬橋村也有發現，推測可能與羌

---

26 許新國：〈循化阿哈特拉山卡約文化墓地初探〉，《青海社會科學》1983年第5期，頁92-93。

27 徐永傑：〈河湟青銅文化的譜系〉，《考古學文化論集》（三）（北京市：文物出版社，1993年），頁166-203。

28 周豔麗：《甘青地區新石器時代至青銅時代火葬墓研究》，頁26。

人、秦人的活動有關。[29]

　　一九八八年，青海省文物考古研究所、西北大學考古系與化隆縣文管所對青海化隆縣雄先鄉上半主窪村的上半主窪墓地進行了發掘，共清理出卡約文化墓葬八十五座。上半主窪墓地地處黃河北岸的第三臺地上，地勢寬闊平整，土質鬆軟，農作物發育良好。上半主窪墓地主要為豎穴土坑墓，其中有一座甕棺葬為洞室墓。墓向多為西南向。以單人二次葬為主，有兩座雙人合葬墓。七十三座墓葬使用木質葬具，並且木質葬具形制多樣，包括長方形木棺、吊頭形木棺、井字形木棺，梯形木棺以及僅有　　，兩塊木板作為葬具在內的五種不同規制的葬具。其他還有一座兒童甕棺葬，十一座沒有使用葬具的墓葬。發掘者根據隨葬陶器的組合形式將墓葬分為兩期，一期墓葬十八座，多以細灰陶大雙耳罐、細紅陶小雙耳罐、侈口堆紋罐各一件為組合，二期墓葬四十六座，常見單耳盤、粗紅陶小雙耳罐、大雙耳罐各一件組合，數量在一至四件之間，以隨葬二件或件的墓葬最多。另有十八座墓葬無法通過隨葬陶器組合分期。

　　上半主窪墓地發現有兩座火葬墓M2和M10，都屬於第一期，是卡約文化早期較早階段的墓葬。與蘇志墓地類似，均採用墓內焚燒的方式，棺木及人骨皆燒的不透徹。M2為不規則長方形豎穴土坑墓，墓向二七一度。墓內置吊頭形木棺，人骨架經二次擾動，原葬式為俯身直肢。木棺面有被火燒過的灰炭。隨葬品有灰陶大雙耳罐、陶侈口堆紋罐、彩陶罐各一件，另見有銅刀、骨珠、瑪瑙珠、綠松石珠以及海貝等。M10為不規則長方形豎穴土坑墓，墓向二九三度。吊頭形木棺，棺內人骨架以泥土包住後再用火燒，使人骨架被紅燒土緊緊裹

---

29 俞偉超：〈關於「卡約文化」和「唐汪文化」的新認識〉，《先秦兩漢考古論集》，頁206。

住。隨葬器物有陶侈口堆紋罐、細紅陶小耳雙罐各一件。[30]M2和M10
在墓穴形制、隨葬品方面與墓地中土葬墓墓葬並無明顯差異。上半主
窪墓地以單人二次葬為主,發掘簡報中把二次葬分為將埋入一段時間
的屍骨,挖開墓穴進行原地擾亂屍骨的二次擾亂葬和將埋入一段時間
的屍骨另外安葬的二次遷葬。[31]

　　在循化阿哈特拉山和蘇志村蘋果園墓地、上半主窪墓地三處墓葬
遺存中發現有明顯的火葬墓外,青海省湟源縣大華中莊墓地也發現有
較為明顯的用火痕跡墓葬。一九八三年七月中旬至十月底,由湟源縣
博物館、青海省文物考古隊組成發掘組,配合農田基本建設在大華中
莊進行了清理發掘工作,共清理發掘一一八座墓葬,兩處祭祀坑,出
土文物一千餘件。大華中莊卡約文化墓地選擇在大山折角處山根下的
緩坡上。原來與大華中莊相連,一九五七年因洪水沖出一條溝岔,將
墓地與村莊隔開,「大溝口」即由此而得名。墓地背依大山,面對湟
水,左右為湟水河谷川地。墓葬依緩坡大體按南北向排列。由於雨水
沖刷,形成坡上部墓葬的墓口距地表淺,坡下部距地表深的情況。緩
坡主要為黃褐色土,土質黏性較大,乾燥時十分堅硬。在被沖刷的斷
崖上有少量的人骨、獸骨、斷續的灰層與礫石塊。由於灰層與石塊的
存在,很容易使人誤認為這裡是遺址,實際上,這裡清除表土後,凡
具有灰層和石塊的地方一般都是墓葬的墓口。所清理的一一八座墓葬
除M103外,都屬卡約文化時期。[32]

　　大華中莊卡約文化的一一七座墓葬都是豎穴土坑墓,但平面形狀

---

30 青海省文物考古研究所、西北大學歷史系考古專業、化隆縣文管所:〈青海化隆縣
　　半主窪卡約文化墓葬發掘簡報〉,《考古》1996年第8期,頁31。
31 青海省文物考古研究所、西北大學歷史系考古專業、化隆縣文管所:〈青海化隆縣
　　半主窪卡約文化墓葬發掘簡報〉,《考古》1996年第8期,頁30。
32 青海省湟源縣博物館、青海省文物考古隊、青海省社會科學院歷史研究室:〈青海
　　湟源縣大華中莊卡約文化墓地發掘簡報〉,《考古與文物》1985年第5期,頁11。

與墓室結構形式多樣。除因保存不好而形狀不明者外，我們按平面形狀將墓葬分為長方形、橢圓形、三角形三類。長方形墓共七十八座，約占總數的百分之六十五，單人葬、多人葬、兒童、成人墓皆有。墓口一般長二〇〇至三〇〇釐米，個別的長達四五〇釐米，短的只有一二〇釐米，寬在八十四至二五〇釐米之間，大部為一百至一五〇釐米，最深的二〇〇釐米，最淺的只十一釐米，一般在一五〇釐米左右。這類墓葬的墓室中有生土二層臺的三十七座，熟土二層臺的一座，有雙重二層臺的五座。二層臺一般距墓底高十至七十釐米，以二十釐米左右的居多。足端或頭端開小龕的墓葬兩座，在墓室側面挖有兩個圓形小洞的一座。橢圓形墓共六座，占總數約百分之五。有單人葬與合葬，不見兒童墓。墓室尺寸，一般長徑一九〇至三六〇、短徑一三〇至三三〇、深約五十二至二七〇釐米。其中五座帶有生土二層臺。三角形墓共二十三座，約占總數百分之二十，有成年單人葬與合葬，不見兒童葬，形制較大，一般近似等腰三角形，其高大於底邊。底邊長一三〇至三〇〇釐米，多數在二五〇釐米以上，三角形高二〇〇至四〇〇釐米，絕大多數超過三〇〇釐米，深三十至一五〇釐米左右。帶有生土二層臺的墓二十座，熟土二層臺的一座。大華中莊墓地的一一七座卡約文化的墓葬中，其中有燒灰、礫石等明顯用火痕跡的為M6、M39、M60。

M60為橢圓形墓，單人葬。墓口長徑三五七、短徑二三〇、深二六五釐米，有生土二層臺。棺坑一九七、寬一〇二、深六十釐米。用木板拼成與棺坑大小相同，無蓋無底的框架作為葬具。人骨架一具，為成年男性，系二次葬，隨葬器物有長頸雙耳陶罐一件，銅鏡一件、菱形和橢圓形銅飾三十七件、骨珠十九枚。此墓二層臺西部有一長一四〇、寬四十五、深四十釐米的小橢圓坑，坑內空無一物，用途不詳。墓口中部有平面呈圓形、厚約七釐米左右的灰燼。

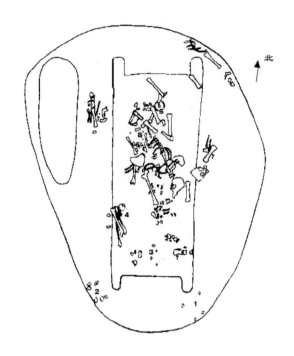

圖3　大華中莊M60平面圖[33]

　　M6和M39為三角形墓。M6為單人葬。三角形底邊長三二七、高二七○、墓坑深一六○釐米，有生土二層臺。棺坑長二○六、寬八十、高五十釐米，四角立木柱，木柱與棺坑同高，坑口平放用木板拼成的無幫無底的木框作葬具，木框中間又橫放兩塊木板，木板兩端嵌在二層臺內。人骨架一具，為成年男性，係二次葬。隨葬器物有：長頸雙耳陶罐一件、銅鏡一件、菱形銅飾十五件、骨管及骨珠四十一件、海貝三枚、羊跗骨三十塊、石珠三十五枚，馬足骨四條。此墓墓口中部有燒灰和礫石塊。

33 青海省湟源縣博物館、青海省文物考古隊、青海省社會科學院歷史研究室：〈青海湟源縣大華中莊卡約文化墓地發掘簡報〉，《考古與文物》1985年第5期，頁14。

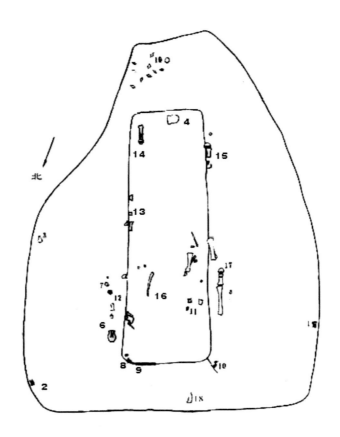

圖4　大華中莊M6平面圖[34]

　　M39為單人葬。三角形底邊邊長三三五、高二五五、墓坑深七十八釐米，有生土二層臺。棺坑呈梯形，長二三五、寬六十至八十一、深五十釐米。葬具只見木條痕跡，結構不詳。人骨架一具，為成年女性，系二次葬。隨葬器物有雙耳陶罐一件、海貝二十九枚、石珠飾四十三件、牛頭骨二件、牛足骨八條。此墓墓口有燒灰與礫石石塊。

34 青海省湟源縣博物館、青海省文物考古隊、青海省社會科學院歷史研究室：〈青海湟源縣大華中莊卡約文化墓地發掘簡報〉，《考古與文物》1985年第5期，頁15。

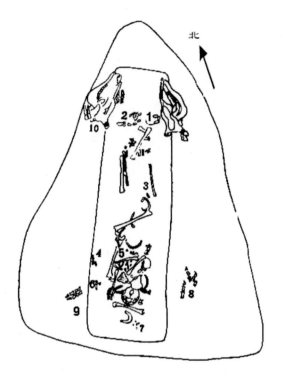

圖5　大華中莊M39平面圖[35]

　　M6、M39、M60的共同特點在於都屬於單人葬，用木質葬具，都
發現有人骨，人骨無火燒痕跡，均屬於二次擾亂葬。隨葬品為陶器、
銅飾、骨飾、動物骨骼等。墓口堆積灰燼、礫石，應該是初次埋葬
後，再集中進行二次葬，並舉行一定的祭祀儀式。大華中莊發現有兩
處祭祀坑遺跡。祭祀坑編號為j1、j2。j1位在M39與M41之間，為一淺
圓形坑，上置許多礫石，堆放的礫石高出坑口約四十釐米，礫石中間
夾有碎獸骨。j2位在M74東，緊靠M77墓邊，長方形，深一二九、長
二四○、寬一七四釐米。坑內遍布燒過的木炭、燒土塊和被燒過的獸

---

35 青海省湟源縣博物館、青海省文物考古隊、青海省社會科學院歷史研究室：〈青海
　　湟源縣大華中莊卡約文化墓地發掘簡報〉，《考古與文物》1985年第5期，頁26。

骨。經由祭祀遺跡可推測，與墓口的燒灰殘留也是原始宗教祭祀行為的遺留痕跡。[36]

大華中莊卡約文化墓地的埋葬習俗複雜。墓葬不但形狀多樣，墓室結構富於變化，而且墓內填土也不一致。雖然大多數墓的填土為五花土，但在某些墓中卻填有一層黃沙土，有的墓葬中堆放天然礫石塊，個別的墓還在底部鋪一層河卵石。後兩種現象是否為積石、積沙墓的前身，很值得探討。墓室結構，有的帶有小龕，有的在墓側挖坑，絕大多數在二層臺中部作出棺坑，棺坑大多呈頭端大足端小的梯形，也有長方形。這裡的葬具既不像棺，亦不類槨，而是用木板或者用圓木一劈兩半拼成的框架，緊套在棺坑內或坑口上，四角長出部分嵌在二層臺內，絕大多數無底無蓋，有的也只是上部有間隔地橫置二至三塊木板而已。兒童墓葬中有的還使用大陶罐做葬具。墓葬葬式絕大多數為二次葬，埋葬後經過一定時間待肉體腐爛後再有意挖出來將骨骼擾亂，就原坑再行埋葬的一種葬儀。骨骼擾亂程度不盡相同，有的全部擾亂，有的只擾亂部分骨骼，並流行將頭骨砸碎或將部分骨骼砸碎的習俗。砸骨所用的礫石大多留在墓室內，有的直接壓在被砸的骨頭上。從未被擾亂和擾亂程度較輕的墓葬觀察，被擾前絕大多數墓葬的葬式應為仰身直肢葬。從墓口和填土中有骨骼，和常見一墓中缺少或多出部分骨骼的情況推測，這種擾亂可能是數座墓同時進行的。從二次回填後部分墓葬墓口有灰燼和礫石塊分析，在進行擾亂時或擾亂後曾經舉行疊石燒柴的祭祀儀式。這種燒柴草的祭奠儀式目前在青海某些地區還在流行，只是現在在墳前焚燒，而不在墓口上進行。[37]

36 青海省湟源縣博物館、青海省文物考古隊、青海省社會科學院歷史研究室：〈青海湟源縣大華中莊卡約文化墓地發掘簡報〉，《考古與文物》1985年第5期，頁27。

37 青海省湟源縣博物館、青海省文物考古隊、青海省社會科學院歷史研究室：〈青海湟源縣大華中莊卡約文化墓地發掘簡報〉，《考古與文物》1985年第5期，頁27。

　　大華中莊的墓葬接近上孫類型晚期，但在埋葬習俗上又有差別，其墓形則不完全同於上孫類型。在經濟類型上就目前所知也有差異，上孫與阿哈特拉類型雖然都以畜牧業為主，但都見有農業經濟遺跡，而大華中莊卡約文化主要是畜牧業，兼營狩獵業，未見農業經濟遺跡。從分布上看，上孫類型主要分布在湟水中游，阿哈特拉類型主要分布在黃河河曲南岸李家峽以東，集中於循化縣境。具有大華中莊卡約文化特徵的，自湟源峽以西，共和、貴德、貴南皆有發現，分布地區頗廣。而這些地區則未發現上孫及阿哈特拉類型文化。因此，發掘者稱這一類型的文化為「卡約文化大華中莊類型」。

（三）辛店文化的火葬墓

　　辛店文化的火葬墓發現較少，目前僅見於青海民和喇嘛壙遺址的一座。一九八〇年，青海省文物處在青海省民和縣中川公社進行調查時，在位於前進大隊喇嘛壙村的喇嘛壙遺址清理了二座長方形豎穴土坑墓和一座火葬墓。火葬墓現場已被完全毀壞，形制無法辨認，只遺留一個裝有骨灰的方形木盒，以及放在木盒旁邊的一只具有辛店文化特徵的陶罐。根據調查報告來看，該墓使用木盒盛放骨灰，「我們在喇嘛壙發現一火葬墓，旁為方形木盒，盒內盛骨灰，骨灰盒旁放置一辛店文化陶罐，因現場已完全被毀，故無法弄清其原來情況。」[38]

　　辛店文化中尚無木質容器出土，因此喇嘛壙的火葬墓是否能夠判斷為辛店文化遺存，也尚有爭論的空間。在發掘現場參與調查工作的和正雅對喇嘛壙遺址的火葬墓表述稱：「辛店文化有無火葬墓，現在還不能確定。去年我們在中川喇嘛壙，曾見到有一近方形的木棺，其長寬不到一米。被燒過的屍骨放在棺內，棺外有一辛店文化的陶罐。

---

38 劉小何、劉杏改、高東陸：〈民和縣官亭、中川古代文化遺址調查〉，《青海考古學會刊》1982年第4期，頁44。

因僅發現這麼一座，並且是社員挖出來的，所以不好斷定，因為其他的偶然狀況也可能造成這種狀況。」[39]一說為木盒，一說為木棺，兩說難以判定。木質葬具在甘青地區較為常見，核桃莊小旱地墓地九十三座豎穴土坑墓均有木質箱狀的葬具，這些豎穴土坑墓的墓穴形制為180*70至80釐米，260*120至120釐米，棺槨大小也相差不多。[40]有學者表示，喇嘛墳遺址發現的火葬墓盛放骨灰的容器是木棺，那麼，喇嘛墳遺址火葬墓就沒有使用專門的容器盛放骨灰，應是按照木棺的樣子製作了較小的木質盒狀木棺用來盛放骨灰。[41]

（四）寺窪文化的火葬墓

一九四五年四月，夏鼐先生在甘肅省臨洮縣寺窪山發掘清理了八座寺窪文化墓葬，根據屍骨的擺放形式，夏鼐將其分為三種形制。其中，第零號墓為火葬墓，在隨葬的陶罐中，有一陶罐內裝有骨灰。發掘記錄中首次描述火葬墓的發現情況：「第零號墓，將骨灰盛在陶罐中。……這墓中收藏骨灰的陶罐和殉葬罐，都是標準型的寺窪陶。這是屬於寺窪期文化，毫無疑問」。[42]根據這一發現，夏鼐先生也謹慎的判斷了這種火墓形制與甘青地區氐羌先民的關係：「至於當時這種火葬制是通行於全體的氐羌呢？或僅限於某數部落？我們還未能確知，但是後者的可能性比較大。採用火葬制的氐羌部落，是否專行火葬，或僅是部落中的一部分人實行火葬，我們也無法確定。……洮河流域在古代適在氐羌的區域中，並且由文獻方面我們知道由春秋直至唐

---

39 和正雅：〈從潘家梁墓地的發掘試談對卡約文化的認識〉，《青海考古學會會刊》1981年第3期，頁36。

40 青海省文物管理處：〈青海省民和核桃莊小旱地墓地發掘簡報〉，《考古與文物》1995年第2期，頁1。

41 周豔麗：《甘青地區新石器時代至青銅時代火葬墓研究》，頁16。

42 夏鼐：〈臨洮寺窪山發掘記〉，《考古學論文集》，頁8-9。

代，氐羌中有些部落確曾行過火葬制的。這次火葬制遺跡的發現，增強了寺窪文化和氐羌民族的關係。」

寺窪遺址的第零號墓，為鄉人私自掘開，並強行取去了三件陶器。墓在所掘探坑東南角的正南約六米處，正在鴉溝的邊緣上灰土層中。墓中一種七件陶器。其中三件是灰色大罐，平列一排，口部有砂石片遮蓋，這一排中間的一個灰色兩耳大罐內藏有火葬的骨灰。在這一排大罐的上面，地位較高處有紅色小罐一個；和這大罐同排並列的有紅陶單柄器蓋一件，三足器兩件。

第零號墓中這件盛放骨灰的雙耳陶罐為夾砂灰陶，陶器表面帶紅斑，雙耳在口緣下，頸部有橫凸飾，高三十三點八、腹徑二十七點零釐米。與盛放骨灰的陶罐並排在一起放置的還有兩件形制相同的陶罐。形制上，盛放骨灰的夾砂灰陶大雙耳罐是寺窪文化的典型陶器，採用泥條盤築法，馬鞍形口部，顏色以灰色為主夾雜紅斑，在其它墓中也有發現，只是口部無覆蓋礫石片。位置上，骨灰罐與其他幾只隨葬陶器同排擺放，並沒有單獨擺放。

（五）四壩文化的火葬墓

鷹窩樹遺址位於瓜州縣東南五十公里外外北橋子村東北十公里外的長沙嶺荒漠中，遺址以北約十五公里為疏勒河河道，海拔高一三三五米。一九八六年，河西史前考古調查隊在此調查發現三座暴露於地表的墓葬（86AY-M1至86AY-M3）。這些墓葬均埋在沙土內，由於風力侵蝕，部分隨葬品暴露於地表，損毀嚴重。三座墓葬中只有M1西北角保留有二十釐米的墓壁邊緣痕跡，其餘各墓的墓穴四至已經難以辨識。根據西北角痕跡判斷這批墓葬的結構為豎穴土坑。墓內填土為黃褐色細沙土，無葬具痕跡，也沒有發現人骨。調查隊根據隨葬品的

擺放位置推測墓向為東南向。[43]

　　M1西北角保留二十釐米的墓壙邊緣，圓角，東西殘長零點七米，南北殘長零點四五米。隨葬品集中放置在西北角，分作兩堆。一堆集中在西北角的北壁，有銅泡、銅三角珠等。另一堆也位於西北角處，但距墓壁邊框有一定距離，有夾砂雙耳罐一、彩陶雙大耳罐一、陶單耳罐一、金耳環一、蚌飾二、殘銅耳環一、海貝一、綠松石珠一、肉紅石髓珠四件。此外還有不辨器形的銅銹痕跡一塊。

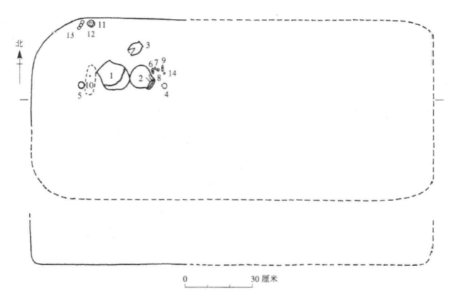

圖6　鷹窩樹墓地86AY-M1平、剖面圖[44]

　　M2位於M1東北側，墓邊壙不明，墓內隨葬品集中在墓穴的西北角，分成兩堆，靠東一堆有陶夾砂單耳罐二件，西面一堆有夾砂雙耳

43　甘肅省文物考古研究所、北京大學考古文博學院編著：《河西走廊史前考古調查報告》（北京市：文物出版社，2011年），頁353。

44　甘肅省文物考古研究所、北京大學考古文博學院編著：《河西走廊史前考古調查報告》，頁353。

罐一件、肉紅石髓珠三枚。估計此墓為東西向排列，這些隨葬品安置
於墓主身體右側。

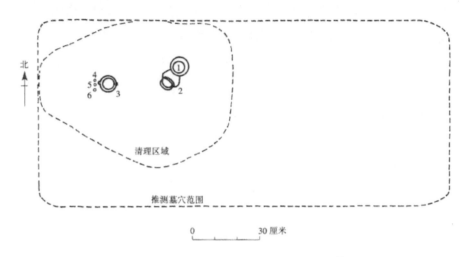

北

清理区域

推測墓穴范围

0　　　　　　30厘米

圖7　鷹窩樹墓地86AY-M2平面圖[45]

　　M3位於M1東北側，墓壙不清楚，發現隨葬品共十件，集中在墓
穴西北角，分作東西兩堆。西面有二枚銅耳環，東面一堆包括有陶器
蓋一、夾砂雙耳罐一、彩陶雙耳罐一及銅刀一、銅耳環二、海貝三、
石刀一。

---

45 甘肅省文物考古研究所、北京大學考古文博學院編著：《河西走廊史前考古調查報
　告》，頁356。

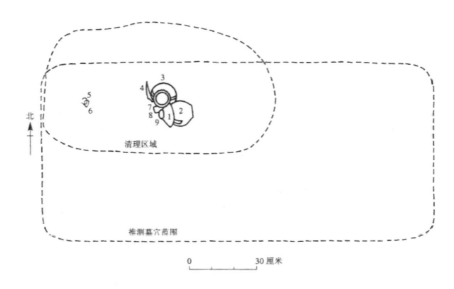

圖8　鷹窩樹墓地86AY-M3平面圖[46]

　　這三座墓穴中均不見人骨，調查隊推測三種可能。（1）土壤沙化嚴重，加上自然營力破壞，墓葬僅存墓底，人骨被毀。（2）墓內無人骨，墓區範圍也不見人骨殘件。但墓內隨葬的蚌殼卻完好無損，此類物質的成分與人骨比較接近，故不存在土壤酸性過高腐蝕掉人骨的可能。該地區的土質應屬於鹼性土，不會對人骨造成破壞。（3）推測存在火葬習俗的可能性比較大，這還有待進一步的考古發現。特別是墓內未發現骨灰痕跡。[47]這一批墓葬較為孤立，在缺乏後續考古進展的情況下，我們較難對其是否為火葬墓作出判斷。如能夠確定其為火葬墓，那麼不見骨灰罐也未見骨灰殘留的喪葬形式，可能成為四壩文化土葬葬俗的新的方式。

---

46 甘肅省文物考古研究所、北京大學考古文博學院編著：《河西走廊史前考古調查報告》，頁357。

47 甘肅省文物考古研究所、北京大學考古文博學院編著：《河西走廊史前考古調查報告》，頁359-360。

（六）沙井文化的火葬墓

三角城和蛤蟆墩現屬甘肅省金昌市雙灣鄉尚家溝村，西為下四分，西南距金昌市二十公里。甘肅永昌三角城地區與阿拉善臺地的南緣殘丘戈壁接壤。西北為阿拉善右旗，東接民勤，南鄰武威。三角城和蛤蟆墩位於祁連山北麓的龍首山東延部分山脈下，山勢緩平，地形西高東低，形成寬廣平坦的開闊地帶。一九七九年，甘肅省文物工作隊和武威展覽館對該遺址和墓葬進行了發掘，蛤蟆墩墓地在三角城西一公里處，墓葬分布在阿拉山高原邊緣東部的水渠西的臺地上。共發掘墓葬二十座（79HM1-20）。墓葬多作南北向，分布較密集，排列上看不出有何規律。這批墓葬均為單人一次葬，其結構分為偏洞墓室和長方形豎穴墓兩種，其中偏洞室墓十二座，長方形豎穴墓八座，在M15、M19、M6三座墓葬中發現有用火痕跡，這三座墓葬均屬於偏洞室墓。[48]

M15，方向十度。墓口長二○五、寬七十至九十六、墓底深二三○釐米。墓口以下深八十釐米處為上層，出現馬頭骨一、羊頭骨十五具，都集中在墓坑前段，馬、羊頭骨吻部一致向北。馬、羊頭骨上有的尚有皮毛痕跡，說明是專為死者殉牲宰殺。在相同高度的西壁一邊，暴露有封堵偏洞的立木十八根，長約一五○釐米。墓口以下深一二○釐米處為中層，在墓坑填土中出現有斜頂在立木上的木椽十九根，長約一百釐米。在豎立和斜頂的木椽上，均蓋有芨芨草席，然後填土。斜頂木椽的填土中也發現有羊頭骨五個。墓口以下深至一五六釐米處，偏洞口開始露出。偏洞高七十四、進深三十、底寬五十四釐米，二層臺寬六十、高二十五釐米。死者年齡約五十至五十五歲，男

48 甘肅省文物考古研究所：〈永昌三角城與蛤蟆墩沙井文化遺存〉，《考古學報》1990年第2期，頁216-221。

性，頭北足南，停放偏洞內，仰身直肢葬。下頜骨、兩臂和兩腿骨均
用火熏烤成黑黝色，人骨完好，下鋪白灰和芨芨草，腳底有土塊。隨
葬品集中於偏洞內，有長方形木盒、樺樹皮圓盒、羊頭骨二、石珠
一、銅泡三、骨珠三、綠松石珠二、銅刀一、弓弭和骨鏃、圓木盒
一、圓形骨飾一件，軀身左側置一長木條，用意不明。

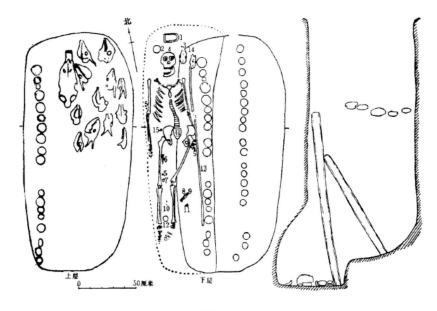

圖9　蛤蟆墩M15平、剖面圖
左：上層平面圖　中：墓底平面圖　右：剖面圖[49]

　　M19，方向北十度，墓口長二〇〇、寬八十、現存墓底深一六〇
釐米。墓口以下深三十釐米處，封堵偏洞的木椽上端暴露。至八十五
釐米深，東壁根的斜坡狀二層臺露出，臺寬四十、高五十四釐米。臺
上有牛頭骨一個和羊頭骨十一個。偏洞口豎立木椽十八根，斜頂木椽

49 甘肅省文物考古研究所：〈永昌三角城與蛤蟆墩沙井文化遺存〉，《考古學報》1990
　　年第2期，頁218。

也為十八根。西側偏洞墓室高八十、進深四十八、底寬七十四釐米。墓主年齡約六十歲，女性，頭北足南，南面上，仰身直肢，停放於偏洞內。人骨下鋪有白灰和芨芨草。死者全身骨骼熏烤成黑黝色，人骨保存完好。身上、腿上都穿皮革，腰部系麻布和皮革製作的要帶，上綴三個銅六聯珠飾，腰帶腐蝕較嚴重，只能看出形跡。隨葬器物有銅六聯珠飾、銅泡、小銅鈴各三件，銅束腰形飾、管狀飾、銅環、銅二聯珠、殘銅刀各一件，木棒一根。

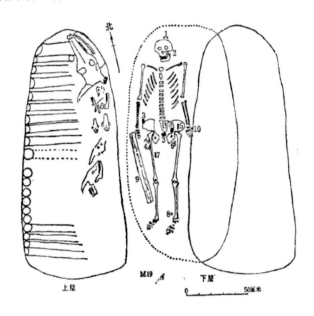

圖10　蛤蟆墩M19平面圖[50]

　　M6，方向四十度，墓口長一七〇、寬七十二、墓底深一四八釐米，由墓口深二十四釐米處，出羊頭骨七個。墓內填土鬆軟。二層臺寬三十五、高二十六釐米。偏洞高四十四、進深三十、底寬五十八釐

50 甘肅省文物考古研究所：〈永昌三角城與蛤蟆墩沙井文化遺存〉，《考古學報》1990年第2期，頁219。

米。偏洞不封堵。墓主年齡約三十至三十五歲，女性，頭東北足西
南，仰身直肢，停放偏洞。人骨上下鋪、蓋芨芨草。下頷骨有火燒痕
跡，腦後殘存頭髮。口含綠松石珠，兩耳戴銅耳環。左右盆骨外，有
銅六聯珠飾、銅蝙蝠形飾、銅三聯珠飾和銅泡各一件，右手下還有綠
松石、銅泡、銅針管各一件。

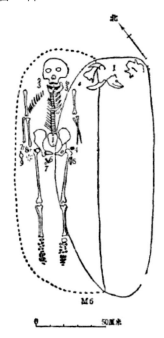

圖11　蛤蟆墩M6平面圖[51]

　　發掘簡報認為，蛤蟆墩較大的偏洞墓都用木椽封堵偏洞，而有些
人骨經火熏烤應是一些上層人所實行的一種特殊葬俗。[52]這三座墓葬

---

51 甘肅省文物考古研究所：〈永昌三角城與蛤蟆墩沙井文化遺存〉，《考古學報》1990
　　年第2期，頁221。

52 甘肅省文物考古研究所：〈永昌三角城與蛤蟆墩沙井文化遺存〉，《考古學報》1990
　　年第2期，頁233。

隨葬品較為豐富，顯然代表著墓主的身份地位，對死者人骨進行熏烤處理顯然代表著蛤蟆墩遺址居民的宗教習俗行為。

金昌縣的西崗墓地，位於三角城以東三一〇米處，一九七九年七月六日至一九八一年十一月十八日發掘，共計清理墓葬四五二座，出土陶器、銅器、金、銀、鐵器等各類出土文物一千三百多件。其中M19、M3兩座墓葬與蛤蟆墩墓地墓葬較為相似，都發現有人骨熏黑的現象。

M19保存較為完好，方向十度。墓口在表土五至十釐米下。長方形墓穴，長一點三、最寬處零點五三米，墓底深零點三米。死者仰身直肢，頭北足南，停臥穴內，骨骼完好，頭骨破裂，但腦後殘存的黑色頭髮痕跡清晰可見。骨架下鋪芨芨草，上蓋草席。年齡三歲有餘，性別不明，周身骨骼上都有一層黑色痕跡，似有用火熏烤現象。隨葬品有綠松石珠十二、骨珠四、銅箍一、二聯珠環形飾一。[53]

這五座墓葬均為單人葬，人骨有熏烤痕跡，但也有較為明顯的區別。蛤蟆墩墓地的三座墓葬均為偏洞室墓，墓主人均已成年；而西崗墓地兩座墓葬為豎穴土坑墓，墓主為嬰幼兒。有觀點推測沙井文化的人骨熏黑屬於一種飾終儀式，而用火只是熏黑人骨以代替黑色染料的一種選擇。[54]

三　火葬葬俗選擇究因

早期人類居民喪葬方式的選擇，主要是受生活環境、文化觀念、早期宗教信仰等多種原因綜合作用的結果。對於早期羌人居民，黎明

---

53 甘肅省文物考古研究所：〈永昌西崗柴灣崗：沙井文化墓葬發掘報告〉（蘭州市：甘肅人民出版社，2001年），頁32。

54 周豔麗：《甘青地區新石器時代至青銅時代火葬墓研究》，頁35。

春認為其選擇火葬葬俗原因就在於自然環境的影響、戰爭因素和靈魂觀念因素、圖騰崇拜、祖先崇拜作用的結果。[55]

　　早期羌人居民分布的甘青地區，地形多為高原、山川，羌人居民多活動於河流、谷地區域。大陸性氣候乾旱、溫差變化大，根據《後漢書》〈西羌傳〉的記載，生活在河湟流域的羌人居民以遊牧為業，「所居無常，依隨水草」，而早期羌人居民的考古學文化展示早期居民很長一段歷史時期中從事農業生產，這表明早期羌人居民在漫長的歷史時期中可能經歷了農業、畜牧互相轉換的生產方式。火葬流行的區域，「人多分布在山地，經濟形態相對較為原始，農業經濟不發達，遊牧和狩獵占有重要地位」。[56]黎明春指出「古代羌族居住地區的自然環境十分惡劣，少土、多石、狂風、寒冷的環境讓他們的生活十分困難，迫使羌族無法選擇『入土為安』的土葬，只能採用簡單，易行的火葬」[57]，認為隨水草遷徙、轉換地域空間的生產方式是一種「流動性極強的生產方式」，「使得羌族人難以常年世代定居一地，形成濃厚的『戀土』意識。不可能像農耕居民一樣，為逝去的親友擇地安葬，並定期進行掃墓祭祀。於是羌族人用另一種喪葬方式慰藉死者的靈魂，讓靈魂儘快離開肉體的庇護『登遐』升天，這種方式就是火葬。」[58]這是針對流動性較強的羌人居民根據其地理位置、氣候特點、生產方式做出一個推測。這一觀點大體是合理的。只是根據前章早期羌人居民的考古學遺跡調查與發掘情況來看，早期羌人並不全用火葬，土葬的仍然是早期羌人居民早較長時期的喪葬習俗。

55 黎明春：《羌族火葬的歷史研究》（成都市：四川師範大學科學碩士學位論文，2008年）。

56 中華文化通志編委會編：《中華文化通志・宗教與民俗典・喪葬陵墓志》（上海市：上海人民出版社，1998年），頁317。

57 黎明春：《羌族火葬的歷史研究》，頁11。

58 黎明春：《羌族火葬的歷史研究》，頁13。

　　黎明春認為漢代時火葬成為羌人居民主要的喪葬方式，這與漢羌
更大規模的戰爭有關。他指出「羌人不斷死於戰場，每次都會留下大
量的屍體。對於如此多族人的屍體，任其在野外被野獸吃掉或者自然
腐爛，這顯然是無法接受的」，另外，「屍體腐爛還會傳播各種疾病和
瘟疫，因此具有清潔功能而又較為易行的火葬成為最好的方式」。[59]

　　從早期宗教觀念上來看，早期羌人居民的火葬葬俗的選擇另一個
較為重要的原因是其靈魂觀念，黎明春認為「登遐」即靈魂升天，火
葬是為了讓靈魂能夠儘快地去往另一個世界、不再干擾活著的人所採
取的一種掩蓋肉體的方式。惡劣的自然因素和戰爭環境的影響，是他
們採取這一葬俗的主要動因。[60]

　　圖騰崇拜也是選擇火葬葬俗的原因之一。黎明春認為火在羌族心
目中是聖潔的象徵。這不僅體現在對火神的敬重以及火塘的重要性上，
還直接導致了以火葬方式處理屍體，「讓自己的靈魂在聖潔的火焰中得
到昇華」，「讓靈魂乾淨、清白地回到另一個世界，去到祖先的身邊」。[61]

　　祖先崇拜、祖先傳承的歷史因素也是早期羌族居民火葬習俗產生
的原因之一。[62]黎氏認為炎帝為羌人始祖，「以火德王」，羌人承襲這
一「火德」運勢，以示不忘祖先。而其採用火葬習俗的另一因素是羌
人歷史上的祖先領袖無弋爰劍。《後漢書》〈西羌傳〉記載：「羌無弋
爰劍者，秦厲公時為秦所拘執，以為奴隸。不知爰劍何戎之別也。後
得亡歸，而秦人追之急，藏於巖穴中得免。羌人云爰劍初藏穴中，秦
人焚之，有景象如虎，為其蔽火，得以不死」，「諸羌見爰劍被焚不
死，怪其神，共畏事之，推以為豪」。[63]黎氏以為這種「被焚不死」是

---

59 黎明春：《羌族火葬的歷史研究》，頁14。

60 黎明春：《羌族火葬的歷史研究》，頁15。

61 黎明春：《羌族火葬的歷史研究》，頁17。

62 黎明春：《羌族火葬的歷史研究》，頁20-21。

63 〔宋〕范曄撰，〔唐〕李賢等注：《後漢書》，頁2875。

羌人受到火神庇護，這亦成為羌人選擇火葬葬俗原因之一。也有學者以羌族神話《燃比娃盜火》推斷羌人的文化觀念中，火自天上而來，人死後實行火葬有著「從天上來，回天上去的」神聖含義。[64]這些論點實際上與考古學所見的羌人文化是不相符的，早在新石器時期羌人居民已經有火化屍骨放置於骨灰罐中的早期火葬行為，而在春秋戰國時期，生活在陝西地區的義渠國居民亦有火葬行為，這些記載都早於無弋爰劍，而漢代的羌人居民是否以火葬為主要喪葬形式亦難以確定，因此這種以後世文化推斷族群生活習俗的方式值得重新考量，也缺乏相應的考古學證據。

四　其他地區、其他民族的火葬習俗

經過考古學發現，火葬葬俗在先秦時期分布於我們大部分地區，在西北、西南、東南、東北等地均有分布。[65]除去西北地方的馬家窯文化、半山文化等，東北地區的小河沿文化、江南地區的良渚文化，華南地區的石峽文化等，均發現有火葬墓的存在。[66]其中東北地區在大約距今四千多年前進入青銅時代之後，火葬就在這一地區普遍流行起來。[67]那麼這實際上表明，並非只有早期羌人居民才實行火葬習俗，這種葬俗亦非西北地方所專有。

後世的彝族、納西族仍然保留有火葬的喪葬文化，其根源之一就

---

64 馬寧：〈羌族火葬習俗探析〉，《阿壩師範高等專科學校學報》2005年第22卷第1期，頁16。

65 木易：〈東北先秦火葬習俗試析〉，《北方文物》1991年第1期，頁17。

66 中華文化通志編委會編：《中華文化通志·宗教與民俗典·喪葬陵墓志》，頁309。

67 中華文化通志編委會編：《中華文化通志·宗教與民俗典·喪葬陵墓志》，頁312。

常被認為是來自古代氐羌系統，[68]有學者認為，在新石器時代雲南的
氐羌先民也應有火葬習俗。[69]劉龍初在探索納西族的火葬淵源時表
示：「納西族祖先淵源於河湟地區南下的一支古羌人——摩沙夷的後
裔」，這種火葬習俗就因氐羌部落的火葬行為而繼承下來。[70]李靜生亦
認為納西族的火葬傳說與其源出羌人有關。[71]對於彝族的火葬傳統，
陳世鵬指出：「彝族是生活在甘肅、青海一帶的古氐羌人中的一支移
居西南發展而成的一個民族。火葬是他們的主要葬式。」[72]楊甫旺也
表示：「彝族淵源於古代氐羌」，「彝族繼承了氐羌的火葬習俗，歷史
上普遍行火葬」。[73]這一觀點與許多學者對納西族火葬習俗來源的判斷
是一致的，這種觀點的根源就在於認同納西族、彝族作為南遷羌人居
民後裔的族源判斷。

　　也有學者提出反對意見，認為將彝族、納西族的火葬習俗歸根於
氐羌民族是一種主觀上的臆斷，缺乏實際根據，這只是「泛羌論」影
響下而流行的一個觀念；進而指出：當我們從彝族、納西族自身認同
出土時候，其認為其先民曾有多種葬式，如野葬、樹葬、土葬、水葬
等等，這不僅符合葬式的演變規律，同時也符合西南複雜的地理生態
環境。[74]

68 羅開玉：〈古代西南民族的火葬墓〉，《四川文物》1991年第3期，頁5。何斯強：〈雲
　　南少數民族喪葬習俗及其文化內涵〉，《思想戰線》1998年第4期，頁57。

69 李昆聲：〈從雲南考古材料看氐羌文化〉，《思想戰線》1988年第1期，頁58。

70 劉龍初：〈納西族火葬習俗試析〉，《民族研究》，1988年第5期，頁41。

71 李靜生：〈納西族喪葬文化的歷程〉，郭大烈編：《納西族研究論文集》（北京市：民族
　　出版社，1992年）。

72 陳世鵬：〈彝族火葬文化管窺〉，《貴州民族研究》，1989年第4期，頁125。

73 楊甫旺、楊瓊英：〈彝族火葬文化初探〉，《雲南師範大學學報》2000年第11期，頁
　　65。

74 陳東：〈彝族、納西族「火葬氐羌說」質疑〉，《四川大學學報（哲學社會科學版）》
　　2004年增刊，頁62、66。

第四章
先秦時期東羌的活動

一　東羌來源的追溯

　　根據後世的史籍記載，一般將羌人稱作「西羌」或「氐羌」，很大程度上是出於在人們的固有印象中羌人都居住在西部地區。一九四五年甘肅臨洮寺窪山的考古發現夏鼐先生將寺窪文化與氐羌文化相聯繫以來，結合甘青地區的寺窪、辛店、卡約等諸多考古學發現，「羌人居於西方」已經為不刊之論。近年來隨著有關羌人考古學文化的調查和發現，結合甲金文等考古學成果，居住於今天陝西地區乃至於更東方的羌人族群逐漸進入史學界的視野，並受到重視。從這些新材料，我們可以發現，實際上東羌的出現最早可追溯到商代。

　　「東羌」一詞由來很早，《後漢書》〈西羌傳〉中就有記載：「且凍分遣種人寇武都，燒隴關，掠苑馬。（永和）六年春，馬賢將五六千騎擊之，到射姑山，賢軍敗，賢及二子皆戰歿……於是東、西羌遂大合。」至《資治通鑑》卷五十二載此事，胡三省注：「羌居安定、北地、上郡、西河者，謂之東羌；居隴西、漢陽、延及金城塞外者，謂之西羌。」則將東、西羌的分別正式闡述出來。過去在論述西羌及西羌族群的問題時，學術界往往較少談及東羌，這固然是史籍記載不多的緣故，也是因為單憑藉胡三省的闡述也很難分辨清楚東西羌實際上的分別。黃烈、馬長壽等學者都指出東羌不過就是兩漢時內徙的西

羌，與西羌沒有什麼本質的區別。[1]但是這一論點存在著幾個問題，首先是東羌一詞雖出現在《後漢書》〈西羌傳〉，但這並不代表東、西羌之別就產生於漢代；第二就是東羌的淵源頗早，不僅在漢代，早至春秋戰國時期就已經出現在歷史舞臺。陳琳國曾著文〈東羌與西羌辨析〉[2]闡述了這一觀點。

東西羌之分早在春秋戰國時期就已經出現，在史籍中我們是能夠找到蛛絲馬跡的。《後漢書》〈竇融列傳〉記載：「十五年冬，拜為奉車都尉，以騎都尉耿忠為副，謁者僕射耿秉為駙馬都尉，秦彭為副，皆置從事、司馬，並出屯涼州。明年，固與忠率酒泉、敦煌、張掖甲卒及盧水羌胡萬二千騎出酒泉塞，耿秉、秦彭率武威、隴西、天水募士及羌胡萬騎出居延塞，又太僕祭肜、度遼將軍吳棠將河東北地、西河羌胡及南單于兵萬一千騎出高闕塞，騎都尉來苗、護烏桓校尉文穆將太原、雁門、代郡、上谷、漁陽、右北平、定襄郡兵及烏桓、鮮卑萬一千騎出平城塞。」《後漢書》〈西羌傳〉載：「武帝征伐四夷，開地廣境，北卻匈奴，西逐諸羌，乃度河、湟，築令居塞、初開河西，列置四郡，通道玉門，隔絕羌胡，使南北不得交關……是歲（延光元年），虔人種羌與上郡胡反，攻穀羅城。度遼將軍耿夔將諸郡兵及烏桓騎赴，擊破之。」史籍中的「羌胡」實際上就是對漢朝統屬下羌民的一個統稱。居住在東部地區的的羌人逐漸為漢文化同化，也有部分被匈奴等胡人擊潰後臣服依附，史書中則往往混稱為「羌胡」。羌胡很大程度上來自於春秋戰國時期的義渠。《墨子》〈節葬下〉：「秦之西有儀渠之國者，其親戚死，聚柴薪而焚之，燻上謂之登遐。」義渠屬於羌屬，固無疑問。胡三省謂「羌居安定、北地、上郡、西河者，謂

1 黃烈：《中國古代民族史研究》（北京市：人民出版社，1987年）。馬長壽：《氐與羌》（上海市：上海人民出版社，1984年）。

2 陳琳國：〈東羌與西羌辨析〉，《史學月刊》，2008年，第4期，頁31-37。

之東羌」，史書載「平王之末，涇北有義渠之戎」，實際上這些地區早年即為義渠國所屬，戰國時期義渠與秦為鄰，居住於北地、上郡兩郡。那麼實際上義渠即是春秋戰國時期的東羌。[3]

　　胡三省認為居住在安定、北地、上郡、西河者為東羌，實際上根據出土文獻、甲金文等材料來看，東羌的概念可以大大的延展。卜辭中記載的商代的羌人部族，與商人或戰或和。卜辭各期能見到羌人活動的記錄：

　　　　貞：有來羌自西？（《合集》6596）

　　　　乙丑卜：貞今出羌無禍？（《合集》6602）

　　　　……曰：其獲？征羌。（《合集》6608）

　　　　……殼貞：乎禦羌？（《合集》6613）

　　　　……勿共人乎伐羌？（《合集》6619）

　　　　……羌於西。（《合集》8595）

　　　　……其大出。

　　　　于濘帝乎禦羌方與之，戈。

　　　　其乎戍禦羌方於義沮，戈羌方不喪眾。

　　　　戍其歸，乎𤰔，王弗每。

　　　　戍其徫母歸，於之若。戈羌方。（《合集》27972）

　　　　徫伐羌方，於之𢍏，戈，不雉〔眾〕。（《合集》27974）

　　　　……丑卜，戍亩羌方。（《合集》27977）

　　　　戍叀義行用，遘羌方有災？（《合集》27979）

　　　　……王其求羌方𡊄？王……（《合集》27984）

　　　　王叀次令王族戍羌方。（《合集》28053）

3　有關義渠與東羌的問題，詳見拙文〈義渠東羌考〉，《陝西師範大學學報（哲學社會科學版）》2013年第6期，頁112-115。

根據卜辭記載，與商人作戰的羌人部族居住在殷都以西，根據學術界的考證，基本上可以確定就在晉南豫西地區。[4]關中地區的劉家文化，可以判定即商代的羌方，關中地區與羌文化考古學文化相近的文化僅限於陝西地區，這一地區的羌文化從考古學上能看出是西部羌文化東進的結果。

卜辭中也能見到羌人部族的不同分支，如「北羌」「馬羌」：

□丙卜，殼貞，王叀伐北羌。（前4‧37‧1）

伐北羌。（六、中、90）

北羌有告曰戎。（鄴三34‧14）

王慎行認為這可能是羌的其中一個方國。[5]林沄先生也認為，除西方之羌外，北方也有羌人。在「北羌」的記載之外，天津地區確認出土一種年代上相當於殷墟後期或周初的圍坊三期文化可能與羌人文化相關。圍坊三期文化的陶器群表現出和前軸文化陶器群的聯繫，最突出的是直領花邊鬲和高領凹沿的陶鬲。「此外屬先周文化的長武碾子坡墓地，除頭東向和張家園一致外，俯身葬也達百分之四十五，不應是偶然的巧合。」[6]而先周長武碾子坡墓地等，恰恰被認為與姜炎

---

4 可參見以下諸文考察，在此不詳述。董作賓：〈殷代的羌與蜀〉，《說文月刊》三卷，1942年第7期，頁104-105。陳夢家：見《殷虛卜辭綜述》（北京市：中華書局，2004年），頁281。李學勤：《殷代地理簡論》，頁77-82。鍾柏生：《殷商卜辭地理論叢》（新北市：藝文印書館，1989年），頁177。羅琨：〈殷商時代的羌和羌方〉，《甲骨文與殷商史》第三輯（上海市：上海古籍出版社，1991年），頁419。孫亞冰、林歡：《商代地理與方國》（北京市：中國社會科學出版社，2010年），頁268。

5 王慎行：〈卜辭所見羌人考〉，《中原文物》，1991年1期，頁67-69。

6 韓嘉谷、紀烈敏：〈薊縣張家園遺址青銅文化遺存概述〉，《考古》1993年4期，頁362。

文化有關。[7]因此，林沄先生認為，這一支羌人很可能是「在商代晚期已東進到渤海之濱而和周人本有歷史聯繫的羌人。」[8]

卜辭中也記載了在殷都以東地區有地名名「羌」：

> 戊戌卜，王在一月，在師羌。(《合集》24281)
>
> 戊戌王卜，貞田羌，往來亡災。王占曰：吉。茲禦。獲鹿八。
> (《合集》37405)
>
> 戊寅卜，在高，貞王田，衣逐，亡災。
> 工□卜，⋯⋯工田羌，衣，亡災。(《合集》37533)

這一類的卜辭多不見於早期卜辭，應該都是羌人臣服殷人後的記錄。《合集》37533條「高」地據林歡考證在河南禹縣西南，那麼羌地應在禹縣東的豫東地區。[9]這個地望與卜辭中大多數記錄的羌方地望不符，出現時代又較晚。此說是否確鑿可信，尚待進一步考證，不過羌地應該就是作為殷商內服亞官的羌人族群所居，其名因羌而來，則可以從上述卜辭中觀察得出。卜辭中的羌地，字在《合集》24281條作𨑖，37405條作𨑖，37533條作𨑖，字均從羌（羌）從山、從羌從水，也可得證。

從商代與西周初期出土的有銘青銅器，我們也能窺知當時羌人族群的分布。

二〇一二年六月，陝西寶雞市渭濱區石鼓鎮石嘴頭村石鼓山西周墓M3出土亞羌父乙罍（《銘續》0896）一件。該器應為商代晚期銅

7　鄒衡：〈論先周文化〉，《夏商周考古學論文集》(北京市：文物出版社，1980年)，頁349-352。

8　林沄：〈釋史牆盤銘文中的「逖虘髟」〉，《林沄學術文集》(北京市：中國大百科全書出版社，1998年)，頁181。

9　孫亞冰、林歡：《商代地理與方國》，頁132。

器，殘高五十、口徑十八點二、足徑二十三點二釐米，重十四點零八公斤。侈口束頸，溜肩斂腹，蓋面隆起，蓋鈕殘，肩上有一對銜環獸首耳，下腹有一牛頭半環鈕，矮圈足外撇。蓋面飾四個浮雕圓渦紋，頸部飾兩道弦紋，肩部飾六個圓渦紋，其下有一道凹弦紋，現藏寶雞市渭濱器博物館。該器口沿內鑄有銘文「亞羌父乙」四字。根據《簡報》初步確定，認為該罍為商晚期器物，M3的墓葬應為西周早期。[10]針對「亞」字元號，學術界解釋很多，分歧很大，但一般認為「亞某」應為某族族徽，「亞羌」應即羌人中某分支部族的徽號。

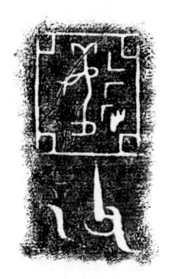  

圖12　寶雞石鼓山西周墓　　圖13　靈石旌介　　圖14　安陽孝民屯
M3出土亞羌父乙罍銘文　M1出土亞羌爵銘文　M216出土羌向觚銘文

石鼓山M3墓地出土的銅器中，涉及到的族徽有鳥、正、萬、戶、冉、曲、單、重、亞羌、◆、◆等，其中戶器有戶卣甲（M3:23）、戶卣乙（M3:20）、戶彝（M3:），與1號禁、2號禁、1號斗為一組，故

---

10 石鼓山考古隊：〈陝西寶雞石鼓山西周墓葬發掘簡報〉，《文物》2013年2期，頁45。

《簡報》判定M3為戶氏家族墓地。[11]出土銅器中涉及的銘文以日名為主。劉軍社、王顥先生認為，根據張懋鎔先生的周人不用族徽、日名說，判斷M3戶氏墓地並非姬姓周人。[12]根據M3墓地發現的唯一一件陶高領袋足鬲，學者認為，這種以高領袋足鬲為代表的文化遺存，應即為劉家文化遺存。[13]劉家文化一般被認為是姜姓羌族後裔，或稱之為姜戎人。劉莉、劉明科在〈也談石鼓山西周M3墓主及相關問題〉[14]一文中對《簡報》及相關學者論文所推斷的石鼓山M3墓地主人族屬的說法提出商榷意見，文章的著眼點在於「日名」說的適用範圍。作者認為M3出土的冉父乙卣與冉盉的作者「冉」才是M3墓主。冉為文獻中周文王小兒子「冉季載」，石鼓山墓地為姬姓冉氏家族，並非姜人墓地。論爭的焦點在於M3墓地主人的族屬究竟是羌戎（姜戎）還是姬姓周人，但對高領袋足鬲和「亞羌」複合族徽的認識是相一致的。將僅見的高領袋足鬲作為判斷M3族屬的依據，確實顯得證據不足。這一點，對比山西靈石旌介村出土的亞羌爵，情況是比較相似的。

　　一九八四、一九八五年陸續發掘的山西省靈石旌介村墓地已經確認為商晚期丙族墓地，M1墓地出土亞羌爵（《銘圖》7071）兩件。M1.11通高二十一點二、流至尾長十八、口寬八、腹深十點二釐米，重零點七六公斤。M1.13通高二十一點二、流至尾長十七點九、口寬八、腹深十點二釐米，重零點七八公斤。兩器均為長流槽，尖尾上翹，腹呈卵圓形，圜底，三棱錐足，腹內側有獸首鋬。腹飾雲雷紋填地的獸面紋，上下以連珠紋鑲邊。鋬內鑄銘文二字：「亞羌」。發掘報

11 石鼓山考古隊：〈陝西寶雞石鼓山西周墓葬發掘簡報〉，《文物》2013年2期，頁54。

12 石鼓山考古隊：〈陝西省寶雞市石鼓山西周墓〉，《考古與文物》2013年1期，頁23；
　　王顥、劉棟、辛怡華：〈石鼓山西周墓葬的初步研究〉，《文物》2013年2期，頁82。

13 石鼓山考古隊：〈陝西省寶雞市石鼓山西周墓〉，《文物》2013年2期，頁23。

14 劉莉、劉明科：〈也談石鼓山西周M3墓主及相關問題〉，《寶雞社會科學》2013年2
　　期，頁55-56。

告稱：「爵上的羌應是族名，也是方國名。商對羌地的方國或部落都稱為『羌方』，兩者關係十分密切。據顧頡剛先生研究：『羌的疆域廣大，……大致說來，據有今甘肅省東部和陝西省西部，向東則已達到今山西南部及河南西北一帶。』這兩件有羌銘的爵在靈石發現，或可說明靈石地區在羌的活動範圍之內或附近。」[15]靈石旌介商墓出土青銅器中以「丙」形徽識最為常見，旌介商墓可能即商代十干部族之一的丙族。[16]「亞羌」族徽器物的出土反映了羌部族等部族與丙族的交往和活動。石鼓山M3與之相似，同樣反映出羌部族與M3墓主的文化交流。

一九七四年安陽殷都區孝民屯商代墓葬M216出土一件羌向觚（《集成》7306）。該器屬商代晚期，通高二十八點二、口徑十五點六釐米。喇叭口，直腹，喇叭形圈足，沿下折，腹和圈足各有四道扉棱，圈足上部有十字鏤孔。腹和圈足均飾雲雷紋填底的獸面紋，圈足內壁鑄銘文八字：「亞✕羌旌向作尊彝」。[17]「亞羌」族徽作為羌族群的複合族徽，出現在完全不同的三個地區。這種帶有族徽銘文的銅器的流動原因，或因戰爭、婚姻等方式，或者是出於賵賻、助喪禮儀的體現，學術界尚有爭議。

一九八六年北京房山區琉璃河鎮黃土坡燕國M1193墓地出土大保罍（《銘圖》13831）、大保盉（《銘圖》14789），大保罍通高三十二點七、口徑十四釐米。平沿方唇，束頸圓肩，斂腹圜底，圈足外撇，肩兩側有一對獸首銜環耳，蓋面隆起，上有圈狀捉手，腹內側有一個獸首鈕。蓋上和器肩均飾圓渦紋，頸飾兩道弦紋。大保盉通高二十六點

---

15 山西省考古研究所、靈石縣文化局：〈山西靈石旌介村商墓〉，《文物》1986年第11期，頁18。

16 山西省考古研究所：《靈石旌介商墓》（北京市：科學出版社，2006年），頁70。

17 中國社科院考古研究所：〈1969-1977年殷墟西區墓葬發掘報告〉，《考古學報》1979年1期，頁84。

八、口徑十四釐米。分襠四足式。侈口長頸，蓋面隆起，上有半環形鈕，蓋的沿上另有一鈕套接鏈條與鋬相連，管狀流，獸首鋬。蓋沿和頸飾回首卷尾長鳥紋帶。兩器均為西周早期銅器，有四十三字銘文：王曰：大保，佳乃明乃鬯享於乃辟。余大對乃享，令克侯於匽，施羌、馬、叔、雩、馭、岂（微），克罩匽，入土眔厥司。用乍寶尊彝。

　　大保罍「羌、馬、叔、雩、馭、微」六族的身份，許多學者認為是國族的名稱，與「殷民六族」等相類。也有學者認為是地名：「羌、貍、馭、微是所封燕國南北邊界上的四個地名。燕國邊境在南面有貍地，在北面有微地，這與太保二器銘文『事羌・貍於馭、微』所反映的情況完全吻合。這絕不會是偶然的巧合，而是歷史的真實寫照。〈齊太公世家〉說：『乃使召康公命太公曰：冬至海，西至河，南至穆陵，北至無棣』，《集解》引服虔曰：『是皆太公始受封土地疆境所至也』。這正是諸侯國『封其四疆的實例』。齊國是如此，燕國也當如此。」[18]實際上羌方、馬方、叔方、御方都是卜辭中常見的方國，叔方、羌方與羞方、彎方還被合稱為四邦方（《合集》36528反），可知周初分封燕國時將附從於周的六支異姓方國部族（應為其支族）隨同分封，徙居今天北京地區。這一點從燕國早期青銅器的出土情況也可窺知。

---

18 張亞初：〈太保罍、盉銘文的再探討〉，《考古》1993年第1期，頁66-67。

圖15　房山琉璃河M1193墓地出土大保罍銘文

　　此外，現尚存一些有「羌」或「亞羌」銘文的傳世青銅器，這些銅器出土地已均不可考，年代均屬商代晚期。

器名	年代	收藏地	著錄	形制	銘文	圖像
羌鼎	商代晚期	北京某收藏家	集成01029，銘圖00247	內壁鑄銘文1字	羌	

器名	年代	收藏地	著錄	形制	銘文	圖像
亞羌父戊鼎	商代晚期	原藏清宮，現藏臺北故宮博物院	三代2.24.1，西清1.10，貞補上5，故宮18期，集成01863，總集0541，商禮17，銘圖01175	通高36.3釐米，窄沿平折，斂口鼓腹，口沿上一對立耳，圜底，三條柱足，頸部有六條扉棱。頸部飾由成對夔龍組成的下卷角獸面紋，雲雷紋填地，足上部飾浮雕獸面紋，內壁鑄銘文4字	亞羌父戊	
羌簋	商代晚期		錄遺113，集成02937，總集1754，銘圖03412	內底鑄銘文1字	羌	
羌爵	商代晚期	北京故宮博物院	集成07399，銘圖06616	腹飾三道弦紋，鋬內鑄銘文1字	羌	
羌父戊爵	商代晚期	原藏袁理堂、李山農	三代16.11.10，攗古1之2.63.3，綴遺21.25.2，愙齋23.12.1，殷存下13.6，小校6.46.1，集成08521，總集3851，郁	附屬雲雷紋填地的獸面紋，鋬內鑄銘文3字	羌父戊	

器名	年代	收藏地	著錄	形制	銘文	圖像
			華閣351.2，銘圖07841			
羌觚	商代晚期	1946年購自北平，現藏臺北中央研究院歷史語言研究所	新收1648，銘圖08931	通高27.2、口徑14.95釐米。喇叭口，長頸高圈足，腹和圈足各有四道扉棱。頸飾仰葉紋，腹和圈足飾獸面紋，鋬內鑄銘文1字	羌	
羌觚	商代晚期	原藏李泰棻	癡盫.續28，集成06562，銘圖08932	喇叭口，長頸高圈足，腹和圈足各有四道扉棱。頸飾蕉葉紋，腹和圈足飾獸面紋，圈足內鑄銘文1字	羌	
羌觚	商代晚期	原藏美國三藩市甘浦斯公司，現藏香港禦雅居	美集R503，集成06563，總集5950，三代補503，銘圖08933	通高14、口徑9.7釐米。喇叭口，長頸，腹部略粗，高圈足沿外撇，下有窄邊圈。頸的下部和圈足上部各有兩道弦紋，腹部飾連珠紋鑲邊的下卷角獸面紋。圈足內壁鑄銘文1字。	羌	

器名	年代	收藏地	著錄	形制	銘文	圖像
羌觚	商代晚期	北京故宮博物院	集成06564，銘圖08934	圈足內鑄銘文1字	羌	
羌卣	商代晚期		錄遺239.1-2，集成04778，總集5037，銘圖12593	內底鑄銘文1字	羌	
羌方彝	商代晚期	中國國家博物館	集成09829，銘圖13472	內底鑄銘文1字	羌	
羌戈	商代晚期	北京故宮博物院	集成10649，銘圖16096	兩面各鑄銘文1字	羌	
羌戈	商代晚期	中國國家博物館	集成10650，銘圖16097	兩面各鑄銘文1字	羌	
羌觚	商代晚期		銘續30679	通高14釐米。體較粗，喇叭口，長頸，腹微粗壯，高圈足沿外撇。頸下部和圈足上部各有兩道弦紋，腹部飾下卷角獸面紋。圈足內鑄銘文1字。	羌	

器名	年代	收藏地	著錄	形制	銘文	圖像
亞羌鼎	商代晚期	原藏開封市文物商店，現藏開封市博物館，館藏號14673	集成01405，中原文物2011年5期62頁圖5[19]，銘圖00585	通高50、口徑17釐米。口微斂，窄沿方唇，口沿上有一對立耳，分襠，三柱足較矮。腹部飾三組下卷角獸面紋，兩旁填以倒置的夔龍紋，並以雲雷紋填地。內壁鑄銘文2字	亞羌	
子商甗	商代晚期		積古2.19，攈古1之3.32.4，小校3.89.3，續殷上30.8，集成00866，銘圖3240	內壁鑄銘文5字	子商亞羌乙	
亞乙羌爵	商代晚期	原藏李山農、金蘭坡、端方、羅振玉，現藏北京故宮博物院	三代15.26.5，攈古1之2.16.1，愙齋23.9.4，綴遺19.30.1，陶齋3.13，夢郼上43，續殷下21.7，小校	高7.4、腹深3.9、流至尾長7.3、口寬3.3寸（陶齋），寬流槽，尖尾上翹，口沿上有一對菌狀柱，腹內側有一個獸頭扁環鋬，卵圓形腹，	亞乙羌	

19 趙龍、葛奇峰、黃錦前：〈開封市博物館收藏的幾件商周有銘青銅器〉，《中原文物》2011年5期。

器名	年代	收藏地	著錄	形制	銘文	圖像
			6.23.1，集成 08779，總集 3719，銘圖 8026	三個三棱錐足。柱頂飾渦紋，腹飾雲雷紋組成的獸面紋，鋬內鑄銘文3字		
羌柔觚	商代晚期	日本東京某收藏家	彙編 1280，集成 06926，銘圖9431	圈足內鑄銘文2字	羌柔	
亞羌壺	商代晚期	原藏清宮	西清18.1，集成 09544，銘圖12131	高 12.9、腹深 11.7、口徑 3.3 寸，重8.4375斤（西清）。直口有頸，長圓腹，圈足沿外侈，頸上有一對貫耳。頸和圈足均飾列旗脊獸面紋。內壁鑄銘文5字	亞羌乍（作）犹（禰）彝	
魚羌鼎	商代晚期		三代 2.13.10，續殷上11.4，集成 01464，總集 0260，國史金1916.1，銘圖670	內壁鑄銘文2字	魚羌	

　　以上表格中的傳世銅器，有些可體現羌人之名如「亞羌父乙」「羌柔」，有些可以指代羌人的某支分支部族如「魚羌」，與前文所論述的明確出土時地的「羌」銘青銅器相參照，可知商代羌人族群的一

些情況。從青銅器製作工藝上來看，帶有「羌」徽號的青銅器與殷墟出土銅器鑄造工藝上差別不大，反映了該族群生產階段較為進步，文化應比較先進。

二　西周早期羌人族群的流動

　　商代晚期、西周早期的眾多「羌」銘青銅器散佈於今天的陝西、河南、北京等眾多地區，這實際上為我們探知羌人族群由西向東的遷徙行為以及東部地區羌人的基本資訊提供了線索。我們以出土材料較為豐富的西周初期燕國的考古發掘及分封情況試作說明。

　　琉璃河遺址位於北京市房山區琉璃河鎮東北二點五公里處。一九六二年，北京市文物考工作隊曾對遺址進行調查和試掘。[20]一九七三年以來，由多加單位組成的琉璃河考古隊在此多次進行較大規模的考古發掘，[21]為瞭解琉璃河遺址的布局與性質以及早期燕文化面貌積累了豐富資料。琉璃河遺址由城址和墓地兩部分組成。城址位於遺址東部的董家林村及其周圍，原有城址可能為長方形。城內發現有大型排水設施，城外有護城河。根據遺跡間疊壓打破關係遺跡96H108出土卜甲上的「成周」刻辭等，可知該城址始建於西周初年，作為燕國都

---

20 北京市文物工作隊：〈北京市房山縣考古調查簡報〉，《考古》1963年第3期，頁115-129。

21 北京市文物研究所：《琉璃河西周燕國墓地（1973-1977）》（北京市：文物出版社，1995年），頁3；琉璃河考古隊：〈北京附近發現的西周奴隸殉葬墓〉，《考古》1974年第5期，頁309-321；〈1981-1983年琉璃河西周燕國墓地發掘簡報〉，《考古》1984年第5期，頁405-416；〈北京市琉璃河1193號大墓發掘簡報〉，《考古》1990年第1期，頁20-31；〈1995年琉璃河周代居址發掘簡報〉，《文物》1996年第6期，頁4-15；〈1995年琉璃河遺址墓葬區發掘簡報〉，《文物》1996年第6期，頁16-27；〈琉璃河遺址1996年度發掘簡報〉，《文物》1997年第6期，頁4-13；〈1997年琉璃河遺址墓葬發掘簡報〉，《文物》2000年第11期，頁32-38。

城的使用時間是在西周早中期，衰落於西周晚期。

　　墓葬位於遺址中部的黃土坡村北及城址東側一帶。一九七三年至一九九七年，累計發掘西周墓葬近三百座，車馬坑二十餘座。墓葬均為長方形土坑豎穴墓，分為大中小三型。大型墓帶有墓道，墓室面積大，目前僅發現二座。中小型墓則沒有墓道，數量多。部分大中型墓葬祔葬車馬坑，也有將車置於槨頂上，有的小型墓葬隨葬車馬器。葬具主要為木質棺槨，數量與墓葬大小成正比。隨葬器物或置於棺槨間，或置於二層臺。葬式多為仰身直肢，個別為側身屈肢葬。部分墓葬有殉人殉牲現象。大型墓M1193出土克罍、克盉，兩器記載了燕侯分封、授土授民之事。墓室棺槨內的隨葬品因被盜所剩不多，二層臺上殘留器物存在明顯「毀兵」葬俗，出土鑄有「成周」銘文的銅戈和「匽侯舞」「匽侯舞易」銘文的銅泡。根據墓葬形制和出土器物，判斷該墓葬為西周成康時期，墓主即召公之子「克」，是第一代燕侯。大型墓M202帶有雙墓道，墓葬規格較高，因盜掘出土隨葬物較少。祔葬的車馬坑（M202CH）內埋馬四十二匹，由於被盜擾，可辨車跡僅有四輛。依據墓葬規格，可推測墓葬也是一代燕侯。

　　中型墓M251和M253保存較好，出土隨葬品豐富。M251隨葬青銅禮器有鼎六、簋四、觶三、鬲二、爵二、尊一、甗一、卣一、盤一、盉一，計二十二件，其中伯矩鬲銘文記錄匽侯賞賜伯矩貝一事。M253隨葬青銅禮器有鼎六、鬲四、爵二、卣二、觶一、尊一、甗一、壺一、盤一、盉一，計二十件，其中堇鼎銘：「匽侯令堇飴大保於宗周，庚申，大保賞堇貝，用乍大子癸寶尊餗。」。這些出土材料都為西周燕國的分封情況提供了佐證。

　　《左傳》〈定公四年〉載：「昔武王克商，成王定之，選建明德，以藩屏周。故周公相王室，以尹天下，於周為睦。分魯公以大路、大旂，夏后氏之璜，封父之繁弱，殷民六族，條氏、徐氏、蕭氏、索氏、

長勺氏、尾勺氏,使帥其宗氏,輯其分族,將其類醜,以法則周公。
用即命于周,是使之職事於魯,以昭周公之明德。分之土田倍敦、祝、
宗、卜、史,備物、典策,官司、彝器;因商奄之民,命以伯禽而封
少皞之虛。分康叔以大路、少帛、綪茷、旃旌、大呂,殷民七族,陶
氏、施氏、繁氏、錡氏、樊氏、饑氏、終葵氏;封畛土略,自武父以
南,及圃田之北竟,取於有閻之土以共王職;取於相土之東都以會王
之東蒐。聃季授土,陶叔授民,命以〈康誥〉而封於殷墟。皆啟以商
政,疆以周索。分唐叔以大路、密須之鼓、闕鞏、沽洗,懷姓九宗,
職官五正。命以〈康誥〉而封於夏墟,啟以夏政,疆以戎索。」[22]

　　燕國的分封,從其地理位置看,其目的非常明顯,與曾封於南
國、吳(俎)封於東國南部一樣,承擔著周王朝向邊域擴張的重要使
命。陳恩林先生曾對燕國分封的目的做出過討論,表示成王時召公征
伐的重點在東北,即唐蘭先生所說隨著王子祿父北奔的路線,在佔領
燕後,即封與召公。[23]大保盉銘中「事羌、馬、叡、雩、馭、岂
(微)」一句,是令燕侯克掌管羌、馬、叡、雩、馭、微這六個國
族,同魯所封殷民六族、晉所封懷姓九宗、俎侯所封奠七伯屬於同一
性質。羌、馬、叙、馭等族在殷墟卜辭中習見,稱羌方、馬方、叙
方、馭方;微可能並非是〈牧誓〉八國之微,而是商末子姓之微,[24]
由此可見,將六個國族分封與燕「以藩屏周」的目的是很明確的。

　　由上節可知,商末周初的含「羌」銘文青銅器分布範圍極廣,這
並非偶然,在燕國的考古發掘中我們能發現其他一些異姓方國與這些
東遷的羌人存在著類似的情況。在今天北京、遼寧地區能見到的多組

22 〔晉〕杜預注,〔唐〕孔穎達正義:《春秋左傳正義》,〔清〕阮元刻《十三經注疏》
　　(上海市:上海古籍出版社,1997年),頁2134-2135。
23 陳恩林:〈魯齊燕的始封及燕與邶的關係〉,《歷史研究》1996年第4期,頁19。
24 尹盛平:〈新出太保銅器銘文及周初分封諸侯授民問題〉,《周文化考古研究論集》
　　(北京市:文物出版社,2012年),頁407。

西周早期帶有「曩侯」銘的青銅器，一九七三年，遼寧喀左北洞村二號坑出土帶有「亞曩吴」銘的霎方鼎（《集成》2702）與亞曩吴鼎（《集成》1745）；一九八二年六月北京順義縣牛欄山公社金牛大隊出土「亞曩父己」銘的觚、觶、尊、卣等銅器[25]；此外尚有一些傳世器，為陳述方便，列表如下：

器名	時代	銘文	出土時、地（或藏館）	器物編號
曩母鼎	西周早期後段	曩母尊彝，亞吴。	1971年9月陝西扶風縣齊鎮1號西周墓	《集成》2146
亞曩父己觚	西周早期	亞曩父己	1982年6月北京順義縣牛欄山公社金牛大隊 同出二爵。《近出》879「亞父乙」	《集成》7125
亞曩父己觶	西周早期	亞曩父己	1982年6月北京順義縣牛欄山公社金牛大隊	《集成》6402
亞曩父己尊	西周早期	亞曩父己	1982年6月北京順義縣牛欄山公社金牛大隊	《集成》5742
亞曩父己卣	西周早期	亞曩父己	1982年6月北京順義縣牛欄山公社金牛大隊	《集成》5078

25 程長新：〈北京市順義縣牛欄山出土一組周初帶銘青銅器〉，《文物》1983年第11期，頁64-67。

器名	時代	銘文	出土時、地（或藏館）	器物編號
羍鼎	西周早期前段	羍乍比（作妣）辛尊彝，亞夒。	1982年北京順義縣牛欄山金牛村西周墓葬	《集成》2374
亞貟侯殘圜器	西周早期	乍（作）父丁寶旅彝，貟侯亞。	旅順博物館	《集成》10351
亞貟侯尊	西周早期	乍（作）父丁寶旅彝，亞貟侯	原藏劉體智	《集成》5923，5924
亞貟侯夒簋	西周早期	亞貟侯夒父乙	原藏清宮，後歸盛昱、陳承裘，現藏不明	《集成》3504
亞貟侯夒簋	西周早期	亞貟侯夒父戊		《集成》3513
孝卣（妣卣）		乙亥，妣易（錫）孝貝，用乍（作）且（祖）丁彝，貟侯亞夒。	故宮博物院	《集成》5377
亞夒妣辛觶		亞貟侯夒妣（妣）辛	原藏美國Kieij-kamp，現藏美國紐約魏格氏。	《集成》6464
亞盉（貟侯亞夒盉）	西周早期（成康世）	亞貟侯夒，匽（燕）侯易（錫）亞貝，乍（作）父乙寶尊彝。	原藏潘祖蔭，現藏上海博物館。	《集成》《集成》9439
夒方鼎	商代晚期，唐蘭認為屬成王	丁亥，妣商（賞）右正夒夒貝，在穆朋二百，夒揚妣商（賞），用作母己尊餗。貟侯亞夒。	1973年，遼寧喀左北洞村二號坑出土	《集成》2702

器名	時代	銘文	出土時、地（或藏館）	器物編號
亞矣鼎	西周早期	亞矣		《集成》1745
矣鼎	西周早期前段	矣乍（作）彝，亞其。	1975年北京房山區琉璃河西周墓葬（M253.24）	《集成》2035
亞矣簋	西周早期	亞矣乍（作）父乙	原藏清宮，現藏臺北故宮博物院。	《集成》3505
亞矣旅簋	西周早期	亞矣乍（作）母辛彝；亞矣旅乍（作）女（母）辛寶彝	上海博物館	《集成》3689
臺鼎	西周早期前段	亞矣，臺乍（作）母癸	傳1941年河南安陽出土。原藏梁上椿，現藏故宮博物院。	《集成》2262
臺作母癸卣	西周早期前段	亞矣臺乍母癸		《集成》5295
臺尊	西周早期前段	亞矣臺乍（作）母癸	上海博物館	《集成》5888
臺觚（臺作母癸觚）	西周早期前段	亞矣臺，臺乍（作）母癸彝。	上海博物館	《集成》7297，7298
臺爵	西周早期前段	亞矣，臺乍（作）母癸	1941年河南安陽市	《集成》9075
臺斝	西周早期前段	亞矣臺乍（作）母癸	上海博物館	《集成》9245
高卣	西周早期	亞，隹（唯）十又二		《集成》

器名	時代	銘文	出土時、地（或藏館）	器物編號
		月，王初賽旁，唯還才（在）周，辰才（在）庚申，王𩰫（飲）西宮，烝，咸釐，尹易（錫）臣隹（唯）小𤔲，揚尹休，高對乍（作）父丙寶尊彝，尹其互萬年受厥永魯，亡競才（在）服，𦣞長㚲其子子孫孫寶用。		5431

商末周初是一個大變革時期，許多部族、方國、群落解體、遷徙、分散、重組。羌人族群如此，𦣞人族群也是如此。但這些附庸於姬姓方國隨遷的大多數異姓部族與方國，其遷徙過程缺乏歷史記載。周初的文獻中，羌人僅見於〈牧誓〉，與庸、蜀、髳、微、盧、彭、濮七國參與了伐商的戰役。在克商勝利後，是否有所封賞，其族群遷徙方向如何，限於材料則不大了然。出土材料則彌補了這一不足。由上述表格可知，𦣞族的情況與羌族群相似，也是隨同燕國分封、遷徙的方國之一，經歷過周人分化與遷徙，其族群不僅有一部分被徙封在關中王畿附近，也有一支隨燕侯分封在北疆地區，作為附屬於燕侯的中等貴族。

三　西周畿內的羌人部族

《說文解字》：羌，「西戎牧羊人也」。甲骨文中羌的字形為人戴羊角之形。《後漢書》〈西羌傳〉記載：「西羌之本，出自三苗，姜姓

之別也。」卜辭中一般將男性羌人稱作「羌」，女性羌人稱作「姜」。
羌、姜二字字形相類，含義相同，羌、姜同源。馬長壽曾作出概括
說：「作為姓氏的『姜』和作為部族名的『羌』二字，在中國古音上
是一致的。殷墟文字的『羌』，從人，說它是部族，周代史志上的
『姜』，從女，說它是姓氏。或者說，前者是說他們不同於華夏，後
者便說他們與華夏一樣，是以姜為姓的。『羌』與『姜』的互通互
用，在西晉及劉宋時的司馬彪和范曄尚能知其端倪，所以都明白指
出：『西羌之本，出自三苗，姜姓之別也。』」

　　《國語》〈晉語〉：「昔少典娶于有蟜氏，生黃帝、炎帝。黃帝以
姬水成，炎帝以姜水成。成而異德，故黃帝為姬，炎帝為姜。」《說
文解字》：「姜、神農居姜水，以為姓。」《史記》〈六國年表〉也記載
說：「禹興於西羌。」關中地區的劉家文化即為古羌族文化的一支。
周人以姬姜聯盟伐殷建國後，分封了很多姜姓封國。《國語》〈周語
中〉：「齊、許、申、呂由大姜。」韋昭：「四國皆姜姓。」這說明與
中原王朝接觸較早的羌人貴族已經較為發達，與仍居處於西部地區的
羌人部族的發展進程已經不盡相同。

　　《左傳》〈襄公十四年〉記載范宣子曰：「姜戎氏，昔秦人迫逐乃
祖吾離于瓜州，乃祖吾離被苫蓋，蒙荊棘，以來歸我先君。我先君惠
公有不腆之田，與女剖分而食之。今諸侯之事我寡君不如昔者，蓋言
語漏洩，則職女之由。詰朝之事，爾無與焉。與將執女。」這表明直
到春秋時期，一部分姜姓族群仍以「戎」稱。戎與華夏的差別主要在
於飲食、衣服、語言、習俗。傅斯年曾解釋說：「姜之一部分在殷周
之際為中國侯伯，而其又一部分到後漢一直是戎狄，這情形並不奇
怪。南匈奴在魏晉時已大致如漢人，北匈奴卻跑得不知去向。契丹竊
據幽雲，同於漢化，至今俄夷以契丹為華夏之名，其本土部落至元猶
繁。女真滅遼毒宋，後來渡河南而自稱中州，其東海的部落卻一直保

持到現在；雖後來建州又來荼毒中夏，也還沒有全帶進來。蒙古在依蘭汗者同化於波斯，在欽察汗者同化於俄羅斯，在忽必烈汗國者同化於中國，在漠南北者依舊保持他的遊牧生活。一個民族分得很遠之後，文野有大差別，在東方的成例已多，在歐洲西亞尤其不可勝數了。」[26]顧頡剛亦指出「戎夏一元」：「稱其人曰四嶽者，當以其封國包有四嶽之地之故。姜戎雖未完全華化，與齊許諸國異，而其為四嶽之裔冑，則與齊許諸國同。然則申、呂、齊、許者，戎之進於中國者；姜戎者，停滯於戎之原始狀態者也。……由其入居中國之先後，遂有華戎之判別。」[27]

除了這幾支已記載於史籍的羌人方國、部族之外，從青銅器銘文中我們可以窺知還有一部分羌人族群居住在西周畿內，有一定的政治意義。西周時期都的青銅器中有一部分含有「鄭某」銘文，這些青銅器有一些特點，時代往往在西周中期或晚期，銘文中的「鄭」應為地名或者區劃名稱。這些青銅器的年代大多要早於鄭國的分封，因此這裡的「鄭」不應為西周時期的鄭國，而應讀為「奠」。我們摘取部分銅器，試作表格，略論如下：

器名	年代	收藏地	著錄	形制	銘文
鄭姜伯鼎	西周晚期	上海博物館	三代3.28.4，貞松3.1.2，希古2.13，集成02467，總集1025，國史金2157，銘圖2032	窄沿方唇，口沿上有一對立耳，深腹圜底，其下設有三條蹄形足。頸部飾兩道弦	鄭姜（羌）白（伯）乍（作）寶鼎，子子孫孫其永寶用。

26 傅斯年：〈姜原〉，《民族與古代國史》（上海市：上海人民出版社，2014年），頁53。

27 顧頡剛：〈九州之戎與戎禹〉，《禹貢》1937年第7卷第6-7期。

器名	年代	收藏地	著錄	形制	銘文
				紋，內壁鑄銘文 14 字（其中重文2）	
鄭羌伯鬲	西周晚期	原藏羅振玉	三代 5.29.1，夢郼上16，小校3.68.3，集成00660，總集1460，貞墨1.23，銘圖2871	平沿外折，束頸鼓腹，平襠，三條蹄足，與足對應的腹部鑄有扉棱。腹部飾夔龍紋，口沿鑄銘文12字	鄭羌白（伯）乍（作）季姜尊鬲，其永寶用。
鄭羌伯鬲	西周晚期	「見於滬市」（周金）	積古7.25.1，攗古2之1.74.2，周金2.78.1，小校3.69.1，集成00659，銘圖2872	口沿鑄銘文12字	鄭羌白（伯）乍（作）季姜尊鬲，其永寶用。
鄭登叔盨（鄭義羌父盨）	西周中期		銘圖5581	通高19、口橫22.5、口縱14.5、腹深8.5釐米，蓋內鑄銘文14字（其中重文2），器內底鑄14字（其	蓋銘：鄭登吊（叔）乍（作）旅盨，及子子孫孫永寶用。器銘：鄭義羌父白（伯）乍（作）旅

器名	年代	收藏地	著錄	形制	銘文
				中重文1）	盨，子子孫永寶用。
鄭義羌父盨	西周晚期	原藏葉東卿（攈古）	三 代 10.31.5（誤為簋），攈古2之2.12.2（誤為簋），愙 齋 15.20.2（誤為簋），綴遺9.16，小校 9.29.4（誤為簋），集成04392，總集3031，銘文選462，國史金1774，銘圖5582	內底鑄銘文14字（其中重文2）	鄭義羌父乍（作）旅盨，子子孫孫永寶用。
鄭義羌父盨蓋	西周晚期	原藏羅振玉	三代10.31.6，周金3.161.3，小 校 9.29.3（誤為簋），夢郼上17，集成04393，總集3032，貞墨1.52，銘圖5583	橢方形，直口，平頂上有四個矩形鈕，可倒置。上飾覆瓦紋，蓋內鑄銘文14字（其中重文2）	鄭義羌父乍（作）旅盨，子子孫孫永寶用。

　　器名之 ，即奠，著錄多取其地名之義做「鄭」。西周鄭國的分封可見於《史記》〈鄭世家〉：「鄭桓公友者，周厲王少子而宣王庶弟也。宣王立二十二年，友初封於鄭。封三十三歲，百姓皆便愛之。幽

王以為司徒。」[28]那麼根據這一記載，我們可知周宣王弟友於宣王十二年封於鄭地，由是鄭國始建。

關於「鄭」的地望爭議很大。金文中有有關「鄭」地的記述：

> 唯六月初吉丁巳，王才（在）奠，蔑大曆，易（賜）芻（騂）犅。（大簋銘，《集成》4165）
>
> 隹（唯）三年九月丁巳，王才（在）奠卿（饗）醴。乎（呼）虢叔召瘐，易（賜）羔俎；己丑，王才（在）句陵鄉（饗）逆酉（酒），乎（呼）師壽召瘐，易（賜）彘俎。（三年瘐壺銘，《集成》9726）
>
> 隹（唯）六月初吉，王才（在）奠，丁亥，王各大室，井叔右免。王蔑免曆，令史懋易（賜）免（緇）市（韍）、冋黃（衡），乍（作）（司）工。（免尊銘，《集成》6006）

三年瘐壺出土於一九七六年十二月陝西扶風縣法門公社莊白村1號西周銅器窖藏（H1.19），一般認為年代西周中期偏晚。大簋和免尊都是傳世器，西周中期器物。這三件器物都講「王在奠」，周王在奠地執行冊命、燕饗等重要禮儀活動，那麼很顯然奠（鄭）是西周時期一個很重要的政治中心。

28 〔漢〕司馬遷，顧頡剛整理：《史記》卷十二（北京市：中華書局，1959年），頁1757。

圖16　大簋銘文　　　　　　　圖17　1免尊銘文

圖18　三年□壺銘文

古本《竹書紀年》記載：「穆王元年，築祇宮于南鄭。」[29]又「穆王以下都于西鄭。」[30]又「懿王元年，天再旦于鄭。」[31]

郭璞《穆天子傳》卷四：「吉日丁酉，天子入于南鄭」下注曰：「（南鄭）今京兆鄭縣也。《紀年》：『穆王元年，穆王元年，築祇宮于南鄭。』《傳》所謂『王是以獲沒于祇宮』者。」

由此可見，鄭有南鄭、西鄭之分，各說不同。按照「京兆鄭縣」的說法，是在今陝西華縣一帶。按照唐蘭的說法，是在今天陝西的扶風、寶雞一帶。[32]盧連成認為奠（鄭）是秦德公所居的大鄭宮，在鳳翔縣；[33]王輝也贊同這　觀點。[34]到日前為止，西鄭地望仍是一樁懸案，目前有京兆鄭縣（即今陝西華縣）和雍縣（今陝西鳳翔）二說。事實上，根據《史記》〈鄭世家〉司馬貞《索隱》、《漢書》〈地理志上〉、《說文》「鄭」字及鄭玄《詩譜》、《穆天子傳》郭璞注等文獻記載，周王所都西鄭就在京兆鄭縣。自清人雷學淇《竹書紀年義證》起，認為《詩譜》所記載的「咸林」當為「棫林」，遂疑前說。這一樁公案，已見李學勤先生〈論西周鄭的地望〉一文。[35]陳夢家先生舉〈秦本紀〉所載雍城大鄭宮、《漢書》〈地理志〉所載雍縣棫陽宮及金文中「奠井」地望，主西鄭在雍縣。[36]後來有些學者贊同雍縣說並加

29　〔晉〕郭璞注：《穆天子傳》（長沙市：嶽麓書社，1992年），頁236。

30　《漢書》〈地理志〉注引臣瓚曰，（北京市：中華書局，1962年），頁1544。

31　方詩銘、王修齡：《古本竹書紀年輯證》（上海市：上海古籍出版社，1981年），頁161。

32　唐蘭：〈用銅器銘文來研究西周史〉，《文物》1976年第6期。

33　盧連成：〈周都城鄭考〉，《古文字論集（一）》（考古與文物叢刊第2號），1983年，頁9-10。

34　王輝：〈周畿內地名小記〉，《考古與文物》1985年第3期，頁26-27。

35　李學勤：〈論西周鄭的地望〉，《夏商周年代學劄記》（瀋陽市：遼寧大學出版社，1999年），頁40-47。

36　陳夢家：《西周銅器斷代》（北京市：中華書局，2004年），頁182。

以闡發，[37]此後雍縣說與京兆鄭縣說分庭抗禮。在陳說之後，仍持有京兆鄭縣說的學者，則以李學勤先生為代表。[38]

鄭之地望，在沒有新的材料出來之前，是較難論斷的。但是我們不妨換一個視角看待，鄭不一定是一個固定不變的地名，從「西鄭」「南鄭」等稱名來看，奠（鄭）很有可能是一個區域名稱，而非某個固定的城邑。

奠字在甲骨金文中常見，在卜辭中一般用作族名、地名或人名，此外還有動詞用法，做「奠置」講，並引申為奠置的人。這種「奠」的行為是商人將戰敗或臣服的國族奠置在其所控制的地區內，奠分布分散、居於鄙野，並保持原來的組織，為商王耕作、畜牧、執行軍事任務等。[39]那麼在事實上這些奠地和奠地的居民就形成了一個對商王有固定義務的特殊行政區劃。商王置奠形成常態後、奠地的義務又相對固定，這表明置奠已經成為一種制度化的開始。

裘錫圭先生表示說：「奠的分布是分散的，並不存在一個圍繞在商都四周的、主要用來安置被奠者的地帶。」孫亞冰指出：「卜辭『奠』有一個特殊現象就是它總是位於商人與外服混居區，而且這些『奠』不是一開始就在的，經過置奠後才可能稱為『某奠』……奠總分布在所謂的『犬牙交錯』地帶，這是奠的一個最大特點。」[40]這就表明商代即有「奠」，這個「奠」正是一個有意識的設立的區域名稱，是一種特殊的行政區劃。奠這種特殊的行政區劃在西周是仍然存在的。西周在征服了商王朝及附庸的大量國族後，奠置這些殷遺民是

---

37 參見尚志儒：〈鄭、棫林之故地及其源流探討〉，《古文字研究》第十三輯（北京市：中華書局，1986年），頁441-442。

38 李學勤：〈論西周鄭的地望〉，《夏商周年代學劄記》，頁47。

39 裘錫圭〈說殷墟卜辭的「奠」〉，《裘錫圭學術文集》第五卷（上海市：復旦大學出版社，2012年），頁188。

40 孫亞冰、林歡：《商代地理與方國》，頁57。

建國後的首要任務。在分封地方諸侯授土授民時，也往往會有「殷民六族」「懷姓九宗」等隨同分封。那麼這表明西周時期也施行了這種奠置方國部族的制度，這一特殊行政區劃不僅在王朝四方封國內存在，而且在西周王畿內也同樣設置。前文所引「王在奠」之奠，地在宗周附近，而成周附近也有奠。新邑鼎：「王來奠新邑。」（《集成》2682）有些學者認為「奠新邑」之「奠」應是一種祭儀。陳夢家先生認為，此處奠應仍為「置奠」之義，不作「祭」義講。[41]新邑指成周，那麼這一條就成為奠在成周附近存在的證據。

免簠有「奠還」　詞，李家浩先生指出「奠還」與「豐還」的「還」為縣字，與寰、睘有假借關係。[42]李峰先生則認為還是以睘為字根，意思是環形，指的是一個城市的周邊地區。「奠還（寰，縣）」指的是環繞在奠地的周邊地區。[43]王暉先生糾正李說，表示「寰」「睘」等字假借為「縣（懸）」，表示是畿內直隸於周王室的城邑。[44]這那麼「奠還」實際表示了奠地歸屬周王直轄的性質。奠是周王的直轄地區，而周王對這一地區也常常要派遣官吏進行管轄。永盂「奠司徒𤔲父」、𡧫鼎、鄭牧馬受簋「奠牧馬受」、免簠等都提到了「奠」地的官員組織，包括周王所派遣的司徒等官員。

那麼，金文中的「奠羌」實際上意義很明確，指代的就是西周時期奠置的某一支或幾支羌人部族，這些奠置部族大部分都分布於宗周附近，當然也有可能分布於成周附近，是受到周王直轄的畿內貴族。西周晚期的青銅器袤盤記載：

---

41 陳夢家：《西周銅器斷代》，頁65。
42 李家浩：〈先秦文字中的「縣」〉，《文史》第28輯（北京市：中華書局，1987年）。
43 李峰：《西周的政體——中國早期的官僚制度和國家》（北京市：生活·讀書·新知三聯書店，2010年），頁172。
44 王暉：〈西周春秋「還（縣）」制性質研究——從「縣」的本義說到一種久被誤解的政區組織〉，《史學集刊》2017年第1期，頁40。

隹（唯）廿又八年五月既望庚寅，王在周康穆宮。旦，王各
（格）大（太）室，即立（位）。宰頯右裒入門。立中廷，北
卿（嚮）。史帶受（授）王令（命）書。王乎（呼）史淢冊易
（錫）裒：么（玄）衣黹屯（純）、赤市（韍）、朱黃（衡）、
鑾旂、攸（鋚）勒。戈琱𢦏、緱必（柲）、彤沙（緌）。裒拜
稽首。敢對揚天子不（丕）顯叚（遐）休令（命），用乍
（作）朕皇考鄭白（伯）、鄭姬寶般（盤）。裒其邁（萬）年子
子子孫孫永寶用。（《集成》10172）

　　這是作器者裒受到周王賞賜，為父母鄭伯、鄭姬所作器。「廿又
八年」一般認為指周宣王二十八年。李峰指出：「裒盤作於宣王二十
八年（西元前800年），即鄭桓公封鄭以後的第六年。在這一年鄭伯、
鄭姬已經死亡，所以其子裒才為他們作祭器。史載鄭桓公於周幽王十
一年（西元前771年）犬戎入侵時，與幽王一起死於戲地。因此，裒
盤所講的鄭伯不可能是鄭桓公，裒盤所講的鄭氏宗族，也不會是鄭桓
公一族的鄭。」[45]這一論述是正確的。裒盤銘文也給我們指出了兩個
資訊：第一，根據鄭姬的稱呼可知，銘文中鄭伯、鄭姬一系的封國顯
然並非姬姓；第二，鄭桓公封鄭之後，仍有鄭伯、鄭姬等非姬周一系
的鄭邑封國存在，這就表明鄭確實並非一城一邑，而是一個行政區
劃，是一大片區域。

---

45 李峰：〈西周金文中的鄭地和鄭國東遷〉，《文物》2006年第9期，頁71。

圖19　袁盤銘文

　　寶雞青銅器博物院藏有一件夨王簋蓋，銘：「夨王乍（作）奠
（鄭）姜尊簋，子子孫孫其萬年永寶用。」（《集成》3871）該器於一
九七四年五月陝西寶雞縣賈村公社（今寶雞市陳倉區賈村鎮）上官
村，西周時期的夨國也在這一地區。銘文中的「奠（鄭）姜」表明與
夨國相通婚姻的這個鄭國為姜姓鄭國。李峰先生據此指出：「夨王之
妻來自屬於姜姓的鄭氏宗族，而袁之母（鄭伯之妻）則來自於一個姬
姓的宗族。夨王簋蓋所講的這個姜姓的鄭，很可能就是袁盤所講的鄭

伯的宗族。」又談到說：「這幾件器物與文獻想對證，使我們瞭解到
西周歷史上過去不為人知的一段史實，即在鄭桓公的姬姓鄭氏之外，
另有一個姜姓的鄭氏宗族，而且，姜姓鄭氏宗族的歷史可能更為悠
久。西周早期的宜侯夨簋（集成4320）中，明確講到『鄭七伯』被周
王賞賜給宜侯，可見，鄭地早就存在，並有宗族以之為氏。而袁盤和
夨王簋蓋所講到的鄭氏宗族，很可能就是宜侯夨簋提到的鄭地早期居
民的後裔。」[46]

　　李峰所提到的前一點是正確的，即袁盤、夨王簋中的鄭應是來自
姜姓的鄭氏宗族，而宜侯夨簋中之「鄭七伯」卻並不一定就是姜姓的
鄭國（邑）。宜侯夨簋一九五四年出土於江蘇丹徒縣煙墩山，銘文一
百二十餘字，記述周王冊命夨為宜侯及相關的賞賜事宜，作器者為宜
侯夨。目前一般認為是康王時器。該簋出土時銘文漫漶難辨，加大了
釋讀難度。經過多番討論，銘文可釋讀為：

> 隹（唯）四月辰才（在）丁未，□〔王〕眚（省）武王、成王
> 伐商圖，誕省東或（國）圖。王卜於宜：入土南卿（鄉）。王
> 令虞侯夨曰：遷侯於宜。易（錫）鬯一卣、商瓚一、彤弓
> 一、彤矢百、旅弓十、旅矢千。易（錫）土：厥川二百□、厥
> □百又□、小邑三十又五、□〔厥〕□百又四十。易（錫）才
> （在）宜王人□〔十〕又七生（姓），易奠七白（伯），厥廬□
> 〔千〕又五十夫，易（錫）宜庶人六百又錫六夫。宜侯夨揚王
> 休，乍（作）虞公父丁尊彝。（宜侯夨簋，《集成》4320）

　　銘文中的「奠七白（伯）」一句，郭沫若認為奠假為甸，即所謂

---

46 李峰：〈西周金文中的鄭地和鄭國東遷〉，《文物》2006年第9期，頁71。

甸人。「奠」作為一個特定區域名稱，在卜辭中已經出現。裘錫圭先生認為「奠」指商人將戰敗或臣服的國族奠置在其所控制的地區內，奠分布分散、居於鄙野，保持原來的組織，為商王耕作、畜牧、執行軍事任務等。[47]這實際上是西周的封國統治結構已經打破了單一血緣的統治方式，形成了「以地緣關係來劃分其臣民的新型社會組織類型」[48]。

奠（鄭）既然是西周時期承襲殷制用以奠置異姓諸侯的一個特殊的行政制度，宜侯夨簋中的「奠七伯」，指代的應該就是西周初期奠地的七個方國，其族姓可能各不相同。這一點，在西周時期的金文中也能見到端倪。

西周中晚期的青銅器中，有一些與「奠羌」銘文格式相類的器物，而所記各有不同，包括有「奠井」「奠虢」「奠登」「奠虢」等氏名，我們選取部分，摘錄如下：

> 唯三月初吉甲戌……子子孫孫其萬年永寶用。奠井。（康鼎銘，《集成2786》）
> 奠（鄭）井叔康乍旅盨，子子孫孫其永寶用。（鄭井叔康盨銘，《集成》4400）
> 奠（鄭）井叔作靈龢鐘，用綏賓。（鄭井叔鐘銘，《集成》21）
> 奠（鄭）井叔乍季姞甗，永保用。（鄭井叔甗銘，《集成》926）
> 奠（鄭）井叔䕃父作拜（饋）鬲。（鄭井叔䕃父鬲銘，《集成》580）
> 唯十又一月，既生霸庚戌，奠（鄭）虢仲乍寶簋，子子孫孫彶

---

47 郭沫若：〈夨簋銘考釋〉，《考古學報》1956年第1期。裘錫圭：〈說殷墟卜辭的「奠」〉，《裘錫圭學術文集》第五卷，頁188。

48 王暉：《商周文化比較研究》（北京市：中華書局，2000年），頁337。

永用。（鄭虢仲簋銘，《集成》4024）

奠（鄭）虢仲念肇用作皇祖文考寶鼎，子子孫用寶用。（鄭虢
仲念鼎銘，《集成》2599）

奠登伯乍叔嫣蔿鬲。（鄭登伯鬲銘，《集成》597）

奠（鄭）登白（伯）及叔嫣乍（作）寶鼎。（鄭登伯鼎銘，《集
成》2536）

奠（鄭）登叔作旅盨。（鄭登叔盨銘，《集成》4396）

奠（鄭）同媿乍（作）旅鼎。（鄭同媿鼎銘，《集成》2415）

康鼎、鄭井叔康盨、鄭井叔鐘、鄭井叔甗四件銅器學者多認為作
器者均為奠（鄭）井叔康。四件銅器的年代，陳夢家斷代為孝王時，[49]
唐蘭先定為夷厲時期、後改為共王時，[50]彭裕商定為厲王時。[51]鄭井
叔蔓父鼎為西周晚期銅器。康鼎銘文中「奠井」綴於銘文之末，郭沫
若先生認為這是作器者康「所自署之下款」。[52]陳夢家先生認為白章父
鼎和叔男父匜銘末所系的「井」就是「鄭井」，皆是作器者的氏名。[53]
可見「奠井」一詞，根據目前材料，不會早於西周中期。鄭同媿鼎也
是西周中晚期銅器。「奠同」，即同氏一支封於奠地者。「同」，唐蘭先
生認為即是凡氏。[54]《左傳》〈僖公二十四年〉載「周公之胤」，就有
凡氏一支。

井實際上就是井國，井有畿內、畿外兩個封國，一般來說畿內稱

---

49 陳夢家：《西周銅器斷代》，頁215。

50 唐蘭：《西周青銅器銘文分代史徵》（北京市：中華書局，1986年），頁431。

51 彭裕商：《西周青銅器年代綜合研究》（成都市：巴蜀書社，2003年），頁434-435。

52 郭沫若：《兩周金文辭大系圖錄考釋》（二）（北京市：科學出版社，2002年），頁
84。

53 陳夢家：《西周銅器斷代》，頁221。

54 唐蘭：《西周青銅器銘文分代史徵》，頁318。

「井」，畿外即封於今天河北邢臺的邢國。虢，西周畿內封國。登，即西周鄧國，在今河南方城。「奠井」封國既非畿內貴族的井國，更非畿外邢國，而是井氏族的另外一支。「奠虢」亦是虢氏族的別支，「奠登」當然也指代的是奠區域內的一支登族。這些奠內方國的性質與「奠羌」之羌人封國是一致的，都是西周時期奠置方國部族的一部分。

　　奠內的羌人封國與《國語》〈周語中〉的齊、許、申、呂顯然也不盡相同，這些情況反映了不同的羌人部族在與周人交往、融合過程中的差別，這也是早期羌人部族在西周國家制度中的政治參與表現。

第五章

氐羌辨疑

　　史書中常見「氐羌」連稱，後世學者在論述早期羌人相關問題時，也常常慣稱「氐羌」。那麼氐與羌在先秦時期究竟是什麼關係，是並列比鄰的兩個部族，又或者二者本是同族，「氐羌」只是習慣性的稱呼罷了。在先秦兩漢時期的文獻以及甲金文等出土材料中都記述有「氐羌」或「氐」的地名，本節試從這一點入手對這一問題略作辨析。

　　《說文解字》：「秦謂陵阪曰阺。」[1]應劭曰：「天水有大阪，名曰隴坻。」[2]胡三省注《資治通鑑》：「扶風汧縣之西有大隴山，名隴坻，上者七日方越。」[3]段玉裁注《說文解字》：「大皀曰陵，坡曰阪。秦人方言皆曰阺也。」[4]楊銘認為：「所謂『氐人』，當是秦人對生活在『阺』地的，某類居民的稱呼。」楊氏的這一觀點是準確的。我們從先秦時期氐族的記載與流變，大體可以窺知這一現象。

一　史籍中的氐族

　　早在《詩經》、《竹書紀年》等早期文獻中，就有「氐羌」的記載。

1　〔漢〕許慎撰，〔宋〕徐鉉楊校定：《說文解字》（北京市：中華書局，1963年）。

2　參見《文選》卷四五揚雄〈解嘲〉注引，〔梁〕蕭統編，〔唐〕李善注：《文選》（北京市：中華書局，1977年）。

3　《資治通鑑》卷四，〔宋〕司馬光：《資治通鑑》（北京市：中華書局，2011年），頁134。

4　〔清〕段玉裁撰，許惟賢整理：《說文解字注》（南京市：鳳凰出版社，2007年），頁1276。

　　《詩經》〈商頌〉〈殷武〉:「昔有成湯,自彼氐、羌,莫敢不來享,莫敢不來王,曰商是常。」《詩》〈殷武〉正義:「氐羌之種,漢世仍存,其居在秦、隴之間。」[5]

　　《竹書紀年》:「成湯十九年,大旱。氐、羌來賓。」又載:「武丁三十四年,王師克鬼方,氐、羌來賓。」又載:「是時(殷)輿地東不過江、黃,西不過氐、羌,南不過荊蠻,北不過朔方,而頌聲作。」[6]

　　《逸周書》〈王會〉:「氐、羌鸞鳥。」孔晁注:「氐羌,地。羌不同,故謂之『氐羌』,今謂之『氐』矣。」[7]這就認為,氐為羌中的一支。而顧頡剛否之:「照孔氏的說法,羌是大名,氐是羌中的一種;因為羌的種類很多,所以稱氐為『氐羌』,正如稱婼羌、鐘羌、發羌一樣。不過既是氐小而羌大,那麼〈王會〉裡除氐羌外還有某羌、某羌,何以篇中不再見相類的名號?因此,我以為這還是平列的兩名。」[8]

　　先秦時期的西戎部族,被認為是屬於氐人。[9]很多學者認為,川西高原上的古代石棺葬的考古學文化,就是古代的氐人。[10]我們可以根據不同史料所描述的氐羌或氐人的年代,判斷氐與羌的關係,以及氐羌一詞的由來。馬長壽:「氐與羌自古以來便是兩族,不能混而為

5　龔抗雲、李傳書、胡漸逵、肖永明、夏先培整理,劉家和審定:《毛詩正義》(北京市:北京大學出版社,2000年),頁1721。

6　王國維疏證,黃永年校點:《今本竹書紀年疏證》(瀋陽市:遼寧教育出版社,1997年),頁62、70。

7　黃懷信、張懋鎔、田旭東撰:《逸周書匯校集注》(上海市:上海古籍出版社,2007年),頁859-860。

8　顧頡剛:〈從古籍中探索我國的西部民族——羌族〉,《社會科學戰線》1980年第1期,頁138-139。

9　楊銘:《氐族史》(北京市:商務印書館,2014年),頁7。

10　楊銘:〈從岷江上游的石棺葬說到「氐羌南邊」〉,袁曉文主編:《藏彝走廊東部邊緣族群互動與發展》(北京市:民族出版社,2006年),頁77。段渝:〈先秦川西高原的氐與羌〉,《阿壩師範高等專科學校學報》,2007年3月第1期,頁1-4。

一。」[11]楊建新謂：「到戰國時期，氐和羌已經很明顯的是兩個不同的人們共同體了。」[12]段渝則指出，氐、羌同源異流，原居西北甘青高原，後分化為兩族。[13]這表明氐與羌有別，是學者的共識，所差別在氐羌分別的時間。

在戰國以前文獻中或者有羌而無氐，或者氐羌連用而不單稱氐。

《尚書》〈牧誓〉：「逖矣！西土之人。王曰：……我友邦冢君御事司徒、司馬、司空，亞旅師氏，千夫長、百夫長，及庸、蜀、羌、髳、微、盧、彭、濮人。」[14]這裡列舉了與周共同伐殷的諸族，有羌而不見氐族。黃烈先生提出疑問：「這裡列舉了與周共同伐殷的諸族，有羌而不見氐。按氐地與周毗鄰，其關係遠勝於彭、濮人等，何獨不見？這只能說明氐的名號在周初尚未確立。」[15]黃烈既而指出「氐羌連用的通常解釋是作為氐羌兩族解，由於氐羌兩族均處於西邊，緊密相連，故習慣上同列並稱。但這應該是較晚的觀念。早期文獻中所記氐羌能否都作這樣的解釋，尚值得考慮。」[16]

將「氐」作為族名的早期記載，主要來自於戰國時期。

《荀子》〈大略〉：「氐羌之虜也，不憂其係纍也，而憂其不焚也。」[17]

《呂氏春秋》〈恃君〉：「氐羌、呼唐、離水之西，僰人、野人，篇笮之川，舟人、送龍、突人之鄉，多無君。」高誘注：「西方之戎

11 馬長壽：《氐與羌》（上海市：上海人民出版社，1987年），頁9。
12 楊建新：《中國西北少數民族史》（銀川市：寧夏人民出版社，1988年），頁165-166。
13 段渝：〈先秦川西高原的氐與羌〉，《阿壩師範高等專科學校學報》，2007年第1期，頁1。
14 黃懷信整理：《尚書正義》（上海市：上海古籍出版社，2007年），頁420-422。
15 黃烈：〈有關氐族來源和形成的一些問題〉，《歷史研究》1965年第2期，頁105。
16 黃烈：〈有關氐族來源和形成的一些問題〉，《歷史研究》1965年第2期，頁106。
17 〔清〕王先謙注：《荀子》，國學整理社《諸子集成》（北京市：中華書局，1986年），頁330。

無君者，先言氐羌，後言突人，自近及遠也。」[18]

《山海經》中記載了一個「氐人國」。《山海經》〈海內南經〉：「有木，其狀如牛，引之有皮，若纓、黃蛇。其葉如羅，其實如欒，其木若蓲，其名曰建木。在窫窳西弱水上。氐人國在建木西，其為人，人面而魚身，無足。」[19]

〈大荒西經〉：「有互人之國。炎帝之孫名曰靈恝，靈恝生互人，是能上下于天。」郝懿行《箋疏》：「互人國，即〈海內南經〉氐人國。『氐』、『互』二字，蓋以形近而訛，以俗『氐』正作『互』字也。」[20]這是以互人國即氐人國。袁珂同。

〈海內經〉：「伯夷父生西岳，西岳生先龍，先龍是始生氐羌，氐羌乞姓。」郭璞注：「伯夷父顓頊師，今氐羌其苗裔也。」[21]有學者認為「乞」即「允」，春秋時期今陝西鳳翔一帶即有允姓戎活動。[22]有觀點認為，這些記載「氐為炎帝、伯夷之後的傳說」，並且「有傳說的先祖、有國、有姓」，因此「作為國名，『氐』最遲在戰國末年已經為中原人知曉」[23]，這一推論，大體上是正確的。

氐人國的方位，根據《山海經》的記載：「西南黑水之閒，有都廣之野，后稷葬焉。……有木，青葉紫莖，玄華黃實，名曰建木，百仞無枝，有九欘，下有九枸，其實如麻，其葉如芒，大皞爰過，黃帝所為。」（《山海經》〈海內經〉[24]）

18 〔漢〕高誘注：《呂氏春秋》，國學整理社《諸子集成》（北京市：中華書局，1986年），頁149。

19 袁珂校注：《山海經校注》（上海市：上海古籍出版社，1980年），頁279。

20 〔清〕郝懿行箋疏：《山海經箋疏》（北京市：中華書局，2019年），頁361。

21 袁珂校注：《山海經校注》，頁462。

22 楊銘：《氐羌史》（北京市：商務印書館，2014年），頁10。顧頡剛：《史林雜識初編・氐》（北京市：中華書局，1963年），頁64。

23 楊銘：《氐羌史》，頁10。

24 袁珂校注：《山海經校注》，頁445。

建木的地理位置，尚難確知。建木又見於《淮南子》〈墜形〉：
「建木在都廣，眾帝所自上下，日中無景，呼而無響，蓋天地之中
也。若木在建木西，末有十日，其華照下地。」[25]《後漢書》〈馬融
傳〉：「珍林嘉樹，建木叢生。」李賢注：「建木，長木也。」[26]則建木
一般代指較高達的樹木。張衡〈思玄賦〉亦云：「躔建木於廣都。」
（《後漢書》〈張衡傳〉）[27]此外，建木一地也見於《抱朴子》等文獻記
載。由此記載，袁珂認為建木為天帝上下的天梯，[28]何新則認為是古
代用以測時的圭表。[29]有觀點表示，這是想像出來用以撐天的柱子，
為了虛烏有，無需繁瑣考證。[30]

　　《淮南子》〈墜形〉：「后稷壠在建木西。」〈海內西經〉：「后稷之
葬，山水環之，在氐國西。」后稷為周人始祖，居住在今陝西岐山一
帶，[31]那麼「后稷壠」的地理位置大體也應在這一地區。

　　明代學者楊慎《山海經補注》說：「黑水都廣，今之成都也。」[32]
蒙文通先生認為，〈海內經〉四篇所指地望中心區域在四川西部地
區，其中〈海內南經〉地望約在四川西南部至雲南東南部地區。同時
也指出：「若水即後之雅礱江，若水之東即雅礱江之東，在雅礱江上
源之東、黃河之南之昆侖，自非岷山莫屬。是昆侖為岷山之高
峰。……昆侖既為蜀山，亦與蜀王有關。《大傳》、《淮南》皆以昆侖

---

25 何寧撰：《淮南子集釋》（北京市：中華書局，1998年），頁328-329。

26 〔宋〕范曄撰，〔唐〕李賢等注：《後漢書》（北京市：中華書局，1965年），頁1956。

27 〔宋〕范曄撰，〔唐〕李賢等注：《後漢書》，頁1922-1923。

28 袁珂：《中國神話傳說詞典》（上海市：上海辭書出版社，1985年），頁255。

29 何新：〈揭開九歌十神之謎〉，《學習與探索》1987年第5期，頁72。

30 何新：《諸神的起源》（北京市：生活·讀書·新知三聯書店，1986年），頁118。

31 徐旭生：《中國古史上的傳說時代（增訂本）》（北京市：文物出版社，1985年），頁42。

32 〔明〕楊慎：《山海經補注》，李勇先主編：《山海經穆天子傳集成》（第一冊）（上海市：上海交通大學出版社，2009年），頁304。

為中央，與〈禹本紀〉、《山海經》說崑崙、都廣為中央之義合。……蓋都廣在成都平原而岷山即矗立成都平原側也。」[33]則「都廣」與「廣都」實為一地，都在今成都地區。

因此氏與羌既有著密切的關係，二者也是有所分別的。黃烈指出：「氏人為什麼會被稱為氏羌？這不能從氏羌同源上求解釋，而只能從羌號的廣泛意義上求解釋。在我國古代不同族源民族有著相同的泛稱的並不乏例，匈奴稱胡，鮮卑稱東胡，月氏等稱雜胡，這決不意味著他們同族或者同源；同樣，羌號也有廣泛的內涵，亦不能把羌與氏羌視為一體。羌的稱號有一個由泛而專，由中原而西移的過程。在周以前羌號是比較廣泛的。入周以後，中原地區諸羌陸續為華夏諸國所征服同化，一部分退入汧隴及其以西地區，羌的稱號在中原遂湮沒無聞，只在姜姓中留下一些痕跡。由於羌是華夏人加之於西部諸部落的稱號，而非自稱；因此，同樣作為泛稱的戎也加之於西邊諸部落，鬼方與西羌混種的先零，稱之為先零戎，也稱之為先零羌。同樣氏與羌都泛稱為西戎。」[34]

二　金文中的汧水與氏族之國

金文中常見有「王在某地」的句式，例如「王在宗周」「王在成周」等，宗周、成周是西周王朝的政治中心；前文引述過「王在奠（鄭）」，這裡的奠（鄭）就是宗周或成周附近用以奠置異姓方國部族的行政區域，由周王直轄。中國國家博物館二〇〇四年入藏一件任鼎，銘文載有「王在氏」。任鼎銘：

---

33 蒙文通：〈略論《山海經》的寫作時代及其產生地域〉，載於《巴蜀古史論述》（成都市：四川人民出版社，1981年），頁146-184。

34 黃烈：〈有關氏族來源和形成的一些問題〉，《歷史研究》1965年第2期，頁106。

佳（唯）王正月，王才（在）氒（泜）。任篾曆，事（使）獻
為（貨）于王，則畢買。王事（使）孟聯（聯）父篾曆，易
（錫）脡牲大牢，又🔲束、大卉、苣貫。敢對揚天子休，用
乍（作）氒（厥）皇文考父辛寶鸞彝，其萬七（無）彊
（疆），用各大神。玖。（《銘圖》2442）

　　任鼎通高三十二、口徑三十、耳高五點五、足高十點五釐米。寬
體淺腹，窄沿方唇，口沿上一對立耳，下腹向外傾垂，柱足較細。口
沿下飾一周竊曲紋帶。內壁鑄銘文六十三字，原名史獻鼎。該器器形
與陝西扶風董家村出土的五祀衛鼎、九祀衛鼎相近，銘文字體呈現出
典型的西周中期風格，因此任鼎的年代上下限也應在共王到懿王時
期。[35]

圖20　任鼎銘文

35　王冠英：〈任鼎銘文考釋〉，《中國歷史文物》2004年第2期，頁20。

任鼎銘文記述了周王在氐地嘉獎賞賜任的史事。金文中氐地又見於匍盉，匍盉銘：

佳（唯）四月既生霸戊申，匍即於氐，青公事（使）司史

𠨠，曾（贈）匍於柬廛雕韋兩，赤金一勻（鈞），匍敢對揚公

休，用乍（作）寶㝬（尊）彝，其永用。（《銘圖》14791）

匍盉於一九八八年十一月河南平頂山市新華區滍陽鎮應國墓地
M50，通高二十六、流至尾長三十一點八、體寬十七點二、口徑十四
點二釐米，重三點五五公斤。器身仿鴨形，昂首長頸，雙目圓睜，體
較扁，呈橢方形，下有四條細柱足，侈口長頸，蓋有子口，蓋面隆
起，中部有封頂的圈形捉手，蓋和器頸有立人鏈條套接。立人面目清
晰，上身裸露，下穿縐褶裙，腰束菱格紋帶，腳著淺筒靴，鳧尾之上
塑一圓雕牛頭，其下連鑄一個卷身向上的龍形鋬。蓋的捉手頂部飾回
首鳥紋，蓋沿和器頸飾雲雷紋填地的長尾鳥紋。蓋內鑄銘文四十四
字。通過形制及銘文字體判斷，該器應為穆王晚期銅器。[36]

銘文記述了作器者匍駐軍於氐地，受到青公賞賜鑄器的史事。滍
陽鎮應國墓地M50形制為小型的豎穴土坑墓，出土有銅鼎、陶鬲、車
馬器、兵器、鉛錫器、玉器等多件器物。M50墓主應就是匍盉的作器
者匍。

---

36 王龍正、姜濤、婁金山：〈匍鴨銅盉與頫聘禮〉，《文物》1998年第4期，頁88。

圖21 匍盉銘文

任鼎中「氐」作 ![image]，匍盉中「氐」作 ![image]，從字形上看，二者時代應較為接近，兩器中的「氐」應指同一地點。金文中另有一「軧」地，見於臣諫簋與叔趯父卣。臣諫簋與叔趯父卣同出一墓，叔趯父卣中「軧」字作 ![image]，字形與任鼎、匍盉差異較大。

任鼎、匍盉中的氐，學術界多釋作「泜」，即泜水。根據先秦兩漢的文獻記載，泜水有兩條，其一在黃河之北，其一在黃河之南。

《左傳》〈僖公三十三年〉：「晉陽處父侵蔡，楚子上救之，與晉師夾泜而軍。」杜注：「泜水出魯陽縣東，經襄城定陵入汝。」[37]楊伯峻

---

37 李學勤主編，浦衛忠、龔抗雲、于振波整理，胡遂、陳詠明、楊向奎審定：《春秋左傳正義》（北京市：北京大學出版社，1999年），頁478。

《春秋左傳注》：「泜因雉，泜水即滍水，今名沙河，源出河南魯山縣吳大嶺，東流經縣南，又東經平頂山市南、葉縣舞陽合於北沙河。」[38]那麼這條泜水又名滍水，即今沙河，為汝水支流。[39]這是黃河南部的泜水。

　　《說文解字》：「泜，泜水在常山，從水氐聲。」段玉裁注：「《前志》常山郡元氏下曰：泜水首受中丘西山窮泉谷，至堂陽入黃河。按泜當作泜。〈北山經〉注云：今泜水出中丘縣西窮泉谷，東注於堂陽縣，入於漳水。以郭正班，知泜為字之誤。《風俗通》云：濟水出常山房子贊皇山，東入泜。此亦泜訛作泜也。由書氐作互，遂訛且耳。《班志》：入黃河亦當依郭作濁漳。考《水經注》濁漳過堂陽縣，而河水不徑堂陽。《元和志》曰：泜水在贊皇縣西南二十五里，即韓信斬陳餘處。今泜水在元氏縣，源出封龍山，東南流經縣西南六十里紙屯村，入槐河。泜與濟互受通稱。」[40]

　　《史記》〈張耳陳餘列傳〉：「漢三年，韓信已定魏地，遣張耳與韓信擊破趙井陘，斬陳餘泜水上。」《集解》：「徐廣曰：在常山。音遲，一音丁禮反。」《索隱》：「徐廣音遲，蘇林音祇。晉灼音丁禮反，今俗呼此水則然。案：地理志音脂，則蘇音為得。郭景純注山海經云『泜水出常山中丘縣』。」《正義》：「在趙州贊皇縣界。」[41]

　　《水經注疏》卷十：「昔在楚、漢，韓信東入，余拒之於此，不納左車之計，悉眾西戰，信遣奇兵自閑道出，立幟於其壘，師奔失據，遂死泜上。」熊會貞：「鈔變《史記》〈淮陰侯傳文〉。《傳》云，

---

38 楊伯峻：《春秋左傳注》（北京市：中華書局，2005年），頁504。

39 中國歷史大辭典編纂委員會：《中國歷史大辭典》（上海市：上海辭書出版社，2000年），頁1960-1961。史為樂、鄧自欣、朱玲玲：《歷史地名大辭典（增訂本）》（北京市：中國社會出版社，2017年），頁1765。

40 〔清〕段玉裁撰，許惟賢整理：《說文解字注》，頁941。

41 〔漢〕司馬遷，顧頡剛整理：《史記》（北京市：中華書局，1959年），頁2582。

斬成安君泜水上。又云，成安君軍敗鄗下，身死泜上。鄗與泜水近，故連言之。《元和志》、《寰宇記》並云，泜水在贊皇縣西南，即韓信斬陳餘處。在井陘山南二三百里，中隔洨、槐二水。酈氏因陳餘壘為井陘山水所徑，敘信與餘戰事，而兼及其死泜上耳。非以井陘山水當泜水也。《通鑑注》，謂鹿泉水即泜水。《方輿紀要》云，《水經注》泜水即井陘山水，失酈旨矣。而全氏乃於上水出陘山下補即泜水三字，尤謬。梅澗、景范、謝山地理各家，而讀《水經注》，不審如此。」又「《漢志》常山郡元氏縣下云，泜水首受中邱西山，窮泉谷，東至堂陽入黃河，而《水經》無聞。及讀郭氏《山經注》曰，泜水今出中丘窮泉谷，乃悟泜水之誤為泜水也。趙云：按，《寰宇記》趙州臨城縣下，引《水經注》云，泜水東出房子城西，出白土，細滑如膏，可用濯綿，色奪霜雪，光彩鮮潔，異於常綿，俗以為美談，言房子之繢也，抑亦如蜀錦之得濯江矣。按《御覽》引此《注》云，故歲貢其綿以充御用。又縣有百暢亭，《水經注》云，泜水東徑百暢亭。又《漢志》常山郡房子縣，贊皇山，石濟水所出，東至廮陶入泜。石邑縣，井陘山在西，洨水所出，東南至廮陶入泜。《寰宇記》鎮州石邑縣下云，洨水一名童水，引《水經注》云，洨水出常山郡石邑縣。又獲鹿縣下，飛龍山，引《水經注》云，洨水東徑飛龍山北，是井陘口，今又名土門。又趙州平棘縣下，引《水經注》云，洨水又東徑平棘縣南，有石橋跨水，四十步，長五十步，橋東有兩碑。又石柱下引《水經》云，平棘城南門，夾道有兩石柱，翼路若闕焉。洨水即洨水也，洨，洨字近致訛。又《九域志》邢州古跡干言山，引《水經》云，泜水又東南徑干言山。〈邶詩〉云，出宿于干，飲餞于言，是也。趙州沃州城，引《水經》云，沃水東至沃州城，入於沃湖。按《魏書》〈地形志〉，巨鹿郡廮陶縣有沃州城。又趙州有平州城，引《水經》云，槐水又徑平山南。按〈地形志〉趙郡房子縣有平州城。《寰宇

記》平棘縣下引《水經注》云，槐水出黃石山。《山海經》曰，泜水
東流，注於彭水。顧景范曰，《水經》以為一名槐水者也。又《寰宇
記》趙州高邑縣下引《水經注》云，漢章帝北巡至高邑，亦光武即位
於此，有石壇，壇上有圭頭碑，即帝所建。章懷《後漢書注》引《水
經注》曰，亭有石壇，壇有圭頭碑，其陰云，常山相狄道馮龍所造。
壇廟之東，枕道有兩石翁仲相對焉。凡此引文，今本皆無之。」[42]

　　《清一統志》曰：「槐河源出贊皇縣西，東北流入順德府境，經
元氏縣南，又東流入高邑縣界，即古泜水，訛為洰水者也，此為北泜
水。」錢穆認為，泜水：「今名槐河，源出贊皇縣西，東北經元氏縣
南，又東流入高邑界；《漢志》稱洰水。」[43]

　　位於黃河以北的泜水《中國歷史大辭典》記錄「泜水」條目時為
兩支：（1）上游即今槐河，下游即今沙河。源出河北贊皇縣西南黃沙
嶺（黃奄塪），東北流經縣北。再東北經元氏南，折而東南，在甯晉
縣東南入滏陽河。《史記》〈張耳陳餘列傳〉：漢王三年（西元前204
年），「遣張耳與韓信擊破趙井陘，斬陳餘泜水上」，即此。一說為今
泜河，誤。（2）即今泜河，源出今河北臨城縣西，東流至堯山鎮西，
故道折南至任縣界入漳河。清康熙初，故經鎮北折南入南泊，近代又
改經隆堯縣北東至甯晉南入滏陽河。[44]《歷史地名大辭典》「泜水」條
目亦記為兩支：（1）即今河北隆堯縣北泜河。《山海經》〈北山經〉：
敦輿山，「泜水出于其陰，而東流入于彭水」。《清一統志》〈趙州
一〉：泜河「自臨城縣西南發源，東南徑順德府內丘、唐山二縣界，
又東南徑隆平縣南，至任縣入滏陽河。……《舊志》：泜源有二，此
為南泜，在臨城縣西南二十五里，流徑柏暢亭，至縣西五里許，斷扶

---

42 楊守敬、熊會貞撰：《水經注疏》（南京市：江蘇古籍出版社，1989年），頁976-978。

43 錢穆：《史記地名考》（北京市：商務印書館，2004年），頁814。

44 中國歷史大辭典編纂委員會：《中國歷史大辭典》，頁1960-1961。

不流，下二百餘步複出，東徑鉤盤山下合沙河。又東南徑內邱、唐山、隆平抵任縣，入大陸澤，俗名三斷綠楊河。」(2)在今河北元氏縣西南，源出封龍山，東南流經元氏縣西南六里紙屯村入槐河。《史記》〈陳餘列傳〉：「遣張耳與韓信擊破趙井陘，斬陳餘汦水上。」[45]

　　兩書所記黃河以北之汦水，其一即今天的槐河，主要流經河北贊皇縣，《清一統志》又稱作北汦河；其二即今天的汦河，主要流經河北元氏縣，又稱作南汦河。這是近代以來的情況，實際上二水相距不遠，又同注入滏陽河。先秦時期黃河下游漫漶、改道頻繁，很難講史書中所記河北贊皇·元氏、隆堯之汦河究竟是哪一支。

　　在此之外，史書中還有一處記述了汦水。

　　《大戴禮記》〈帝繫〉：「黃帝居軒轅之丘，娶于西陵氏之子，謂之嫘祖，氏產青陽及昌意。青陽降居汦水，昌意降居若水。」[46]

　　《史記》也有一段類似的記載：「黃帝居軒轅之丘，而娶于西陵之女，是為嫘祖。嫘祖為黃帝正妃，生二子，其後皆有天下：其一曰玄囂，是為青陽，青陽降居江水；其二曰昌意，降居若水。」[47]

　　兩處記載幾乎一致，唯獨《大戴禮》之「汦水」《史記》作「江水」，這裡的「江水」，《史記正義》引《括地志》云：「安陽故城在豫州新息縣西南八十里。應劭云古江國也。〈地理志〉亦云安陽古江國也。」是古人已有定論。清人王聘珍云：「汦水即江水也。」[48]又《經義述聞》：「《續漢書》〈禮儀志〉注引《漢舊儀》曰：『顓頊氏有三子，生而亡去，為疫鬼，一居江水，一居若水，一居人宮室區隅。』

---

45 史為樂、鄧自欣、朱玲玲：《歷史地名大辭典（增訂本）》，頁1765。
46 黃懷信、孔德立、周海生：《大戴禮記匯校集注》（西安市：三秦出版社，2005年），頁783-784。
47 〔漢〕司馬遷，顧頡剛整理：《史記》，頁2。
48 〔清〕王聘珍，王文錦點校：《大戴禮記解詁》（北京市：中華書局，2004年），頁126。

蔡邕《獨斷》與《漢舊儀》同。二書所記，與《大戴禮》、《史記》不同，而皆言居江水，不言居汦水。遍考地理之書，無謂江水為汦水者，『汦』蓋字之誤也。隸書『工』字『氐』字二形相似，故『江』誤為『汦』。《淮南》〈說林篇〉『使工厭竅』，今本『工』誤作『氐』，是其例也。羅泌引《大戴禮》作『汦』，則所見已是誤本。」[49]黃懷信亦贊同此說：「王念孫說近是，『汦』當是『江』字之訛誤。」[50]

　　臣諫簋與叔趯父卣銘文中所提及的「軝」與「軝侯」，地理方位是較為明確的。這一批銅器一九七八年出土於河北省元氏縣西張村西周墓葬。根據發掘簡報來看，這座墓葬是一座南北向的長方形土坑豎穴墓，墓內有人骨架一具，頭北腳南，殉葬品中的銅禮器放置於人骨架頭前偏左的地方，車馬器位於人骨架頭前右側，小型玉器放置於人骨架腰部位置。墓底發現有衣衾殘痕。這座墓葬共出土青銅禮器、兵器、工具、車馬器共三十四件，玉器五件，其中一件殘戈仿兵器形。[51]

　　臣諫簋通高十三點一、口徑十七點三、腹深十釐米，重二點二公斤。侈口束頸，鼓腹圈足，四隻壯實的獸首耳，下有長方形垂珥，即護著底。腹飾象紋，無網底，圈足飾蛇紋，以雲雷紋填底。內底鑄銘文約七十字，現存六十二字。臣諫簋時代為西周中期前段，記述了邢侯派遣臣諫在軝地抵禦北戎的史事。臣諫簋銘：

> 隹（唯）戎大出於軝，井（邢）侯搏戎。征（誕）令臣諫以
> □□亞旅處於軝，徜（通）王□□。□〔臣〕諫曰：「拜首頴
> （稽）首，臣諫□亡，母弟引庸又（有）長子□，余夆（騰）

49　〔清〕王引之：《經義述聞》（南京市：江蘇古籍出版社，2000年），頁293-294。
50　黃懷信、孔德立、周海生：《大戴禮記匯校集注》，頁785。
51　河北省文物管理處：〈河北元氏縣西張村的西周遺址和墓葬〉，《考古》1979年第1期，頁23-26。

皇辟侯，令肄服。□朕皇文考寶尊，隹（唯）用康令于皇辟侯。
匄□□。」（《集成》4237）

　　叔趯父卣墓中出有兩件，兩器銘文相同，均屬西周中期銅器。其
一通高二十七、口徑十五點五乘以十三、腹深十六釐米，重四點八公
斤。橢方形，斂口鼓腹，矮圈足外撇，蓋的捉手作圈狀，頸部有鈕套
接龍頭提梁。蓋沿和器頸飾花冠夔龍紋，圈足飾弦紋兩道。蓋、器同
銘，各六十二字。同墓也出土一件尊，銘文與此卣相同，因銹蝕太
甚，銘文只存十八字。叔趯父卣銘：

　　叔趯父曰：餘考，不克禦事，隹（唯）女（汝）焂其敬辥（乂）
　　乃身，母（毋）尚為小子，餘虩（兄）為女（汝）茲小鬱彝，
　　女（汝）其用卿（饗）乃辟軝侯逆造（造）出內（納）事（使）
　　人。烏（嗚）虖（呼）！焂，敬涷（哉）！茲小彝妹吠，見
　　餘，隹（唯）用諆（其）禼（宴）女（汝）。（《集成》5428）

　　叔趯父卣文中記錄「軝」為「軝侯」，軝侯是史書中未載的一個
西周侯服封國。「軝」的位置，由其出土的墓葬方位來看，應該就在
河北元氏縣一帶。李學勤先生判斷說：「元氏縣西張村的位置，據簡
報在今縣正南五公里，槐河自西而東，至村北折而南流，出銅器的西
周墓則在村西約半公里，正好在槐河即古泜水之濱。銅器銘文表明墓
主是軝侯之臣，這裡是軝國的一處墓地。這就很清楚地指示我們，
『軝』應讀為『泜』，軝國實由地處泜水流域而得名。」[52]這一推斷是
正確的，這個史書未載的軝侯方國，正式因「泜」得名，其方位就在
今河北元氏縣一帶。

52 李學勤、唐雲明：〈元氏銅器與西周的邢國〉，《考古》1979年第1期，頁59。

圖22　臣諫簋銘文

圖23　叔趯父卣銘文

　　軝國的族姓，史籍未載，沈長雲認為這是一個古老的己姓國家，為黃帝之後。[53]這個推論的根據在於《大戴禮記》〈帝繫〉中「青陽降居泜水」的說法，再結合《國語》〈晉語〉「黃帝之子二十五人，……唯青陽與夷鼓皆為己姓」的記錄推導而出。但是《大戴禮記》青陽所居的「泜水」實為江水之誤，這一點已見上文推論。那麼軝國己姓之說就失去根據了。

　　這個元氏縣的軝國，與任鼎、匍盉之「氏」地是否相關，學術界也頗有爭議。李學勤先生在討論匍盉時指出：「『氏』，應讀為『泜』。古有兩泜水，一在今河北，一在今河南。此處是後者，或稱滍水，就是現在的沙河，源出魯山西北堯山，東流經縣南，又東經平頂山市南、葉縣北，又東入汝水。應國即都於該水之北，故其地後稱滍陽。」[54]將匍盉之「氏」推斷為黃河以南之泜水，在應國一帶，與邢國之「軝」並不一致。有關「青公」的稱謂，李學勤認為「青」從井生聲，假為井，讀為邢。「因古音邢屬耕部匣紐與井屬耕部精紐可以相通。『青』古音也屬耕部，故可相通。」[55]由此，「青公」則應指今河北邢臺之邢國國君。匍盉的銘文含義是匍到達氏地，青公派遣官吏去贈禮贈物。如若匍所在的泜水在黃河以南的應國一帶，而青公為邢公的話，邢公位高而匍位低，則位元高者從今邢臺地區遠至應國（今河南平頂山地區）去見位元低之官吏，於理難合。

　　陳昌遠認為氏與砥、泜古音均在脂部可以相通。但軝古音在支部群紐，就不能相通。因此臣諫簋之「軝」與匍盉之「氏」並非同一個

53 沈長雲：〈元氏銅器銘文補說——兼說邢國早期歷史的幾個問題〉，楊文山、翁振軍主編：《邢台歷史文化論叢》（石家莊市：河北人民出版社，1990年），頁114。
54 李學勤：〈論應國墓地出土的匍盉〉，《平頂山師專學報》1999年第1期，頁66。
55 李學勤：〈論應國墓地出土的匍盉〉，《平頂山師專學報》1999年第1期，頁66。

地名，而是指的古北泜水。[56]陳昌遠將應國地區的湮水稱為南泜水，並認為：「南北泜水的存在，正好表明邢、應兩國兩地相望，友好往來的象徵。」[57]

匍盂之泜水究竟在黃河以南還是黃河以北，王龍正在〈匍鴨銅盂與頫聘禮〉一文中最先指出銘文中的泜水在黃河以北，匍盂銘文的氐與臣諫簋的軧字相通，應是同一個地名。原因就在於「青」假為「井」，讀為「邢」，「青公」即「邢公」。[58]後來在〈匍盂銘文補釋並再論頫聘禮〉補充論述了這一觀點，同時對「青」地重新做了一番推論。王龍正指出：「古帝名青陽，九州之一青州，均可能與銘文『青公』所在的青國息息相關。」[59]證據有二：第一，青陽、青州、青國一脈相承。青陽為古帝之名，亦為其所居之地名；青州為古代九州之一，其得名應與青陽有關。第二，青公為生稱，是青國國君。王氏的結論如下：

> 關於青字，簡報指出青與井相通，假為邢，青國即邢國，是因為青字的偏旁井、生均可作為聲符使用，如林義光先生指出：「從生，草木之生，其色青也，井聲。」高田忠周則說：「蓋生亦當兼聲。」可見青、井（邢）相通。對此，王冠英先生提出質疑，他說：「《匍盂》之『青公』（應讀為靜公）能不能解釋為『邢侯』，卻值得懷疑。」這裡應當指出，青公為生稱，不得讀為靜公，除非另有一個靜國，再者，青公即便不能坐實

---

56 陳昌遠、王琳：〈「匍鴨銅盂」應為「匍雁銅盂」新釋〉，《河南大學學報（社會科學版）》1999年第4期，頁31。

57 陳昌遠、王琳：〈「匍鴨銅盂」應為「匍雁銅盂」新釋〉，《河南大學學報（社會科學版）》1999年第4期，頁35。

58 王龍正、姜濤、婁金山：〈匍鴨銅盂與頫聘禮〉，《文物》1998年第4期，頁89。

59 王龍正：〈匍盂銘文補釋並再論頫聘禮〉，《考古學報》2007年第4期，頁405。

於井（邢）公，但至少他是青國的國君。

鑒於河北、山東一帶兼有匍盂銘文中的兩個地名——「青」與「氒」，同時滿足兩個條件，所以「青國」所在地應在古代青州範圍內或其附近去尋找。這就是我們置平頂山一帶的泜（滍）水於不顧，捨近求遠到黃河以北去尋找的原因所在。[60]

　　王龍正的結論目前看來，還存在著幾個問題。《帝王世紀》：「少昊帝名摯，字青陽，姬姓也。……有聖德，邑于窮桑，以登帝位，都曲阜，故或謂之空桑。」《左傳》〈昭公二十九年〉：「少暤氏有四叔……世不失職，遂濟窮桑。」杜預注：「窮桑地在魯北。」《史記》〈五帝本紀〉：「嫘祖為黃帝正妃，生二子，其後皆有天下：其一曰玄囂，是為青陽，青陽降居江水（龍按：「江水」乃「泜水」之誤，詳後）；其二曰昌意，降居若水。」《呂氏春秋》〈古樂〉：「帝顓頊生自若水，實處空桑，乃登為帝。」《左傳》〈定公四年〉記載：「因商奄之民，命以伯禽，而封於少暤之墟。」據這些文獻王氏推論：其一，少昊帝青陽建都於山東曲阜，地屬空桑；其二，少昊氏四叔之一居於空桑；其三，黃帝之子玄囂與少昊帝同名，亦名「青陽」；其四，黃帝之孫昌意之子顓頊帝也居空桑；其五，西周時期魯國封於「少昊之墟」，建都曲阜。進而推測青陽為曲阜地區的專有地名。而將青陽與青州聯繫，判斷青國必定位於青州地域之內或附近，則太過武斷。因此也有學者評論這一觀點說：「『青陽、青州、青國一脈相承』這樣的看法，僅僅是因為三者共有一個『青』字而引發的字義聯想，其實是毫無根據的附會。」[61]

---

60 王龍正：〈匍盂銘文補釋並再論覜聘禮〉，《考古學報》2007年第4期，頁407-408。
61 張亮：〈匍盂銘文再考〉，《中原文物》2013年第4期，頁72。

王龍正將匍盉銘文之「氏」釋作臣諫簋之「軝」，其前提依據在於將「青公」讀作「邢公」，而邢國的地理位置目前已經考訂，就在今天河北邢臺一帶。王冠英表示懷疑：「但《匍盉》之『青公』（應讀為『靜公』）能不能解釋為『邢侯』，卻值得懷疑。『青公』如果不是邢侯，則『氏』讀『軝』的可能性不大。」並進而指出：「鴨形匍盉出平頂山應該墓地，『匍即於氏』的『氏』應在今平頂山附近的魯山、葉縣一帶求之，不能到邢國以北的地區去找。即使是諸侯交聘，軝屬軝侯之地，匍到軝邢侯派史官接見也說不通。本鼎[62]『王在氏』的『氏』，可能也指古應國附近的泜水流域。」[63]

綜合上述各家觀點，我們略作表格，以便清晰展示：

觀點出處	三支泜水	是否河北元氏縣之軝地
王龍正：〈匍鴨銅盉與頫聘禮〉、〈匍盉銘文補釋並再論覜聘禮〉	黃河以北之泜水（北泜水）	是
陳昌遠、王琳：〈「匍鴨銅盉」應為「匍雁銅盉」新釋〉	黃河以北之泜水（南泜水）	否
李學勤：〈論應國墓地出土的匍盉〉 王冠英：〈任鼎銘文考釋〉 張亮：〈匍盉銘文再考〉	黃河以南之泜水（溠水）	否

可見，陳昌遠、王琳先生雖同意氏在河北泜河流域，但不認為是軝國之軝；李學勤先生舉《左傳》〈僖公三十三年〉記載的「晉陽處父侵蔡，楚子上救之，與晉師夾泜而軍」為例，認為泜即古溠水，氏在今平頂山一帶；王冠英先生在考釋任鼎銘文「王在氏」時，與李學

---

62 指任鼎。
63 王冠英：〈任鼎銘文考釋〉，《中國歷史文物》2004年第2期，頁22。

勤先生觀點一致。任鼎「王在氏」之「氏」地，應指應國一帶的「氏」，即黃河以南之泜水。除去上文所述的原因之外，還有一點需要考量。「王在某地」是金文中較為常見的句式，從金文中的「王在宗周」「王在成周」「王在奠」等記述來看，宗周、成周、奠無不是王畿內的政治中心，應國之「氏」，其地在周王畿邊緣地區，仍屬王畿管轄，這一片區域，本是軍事要地，周王在此巡視、處理軍政事務，理固宜然。而邢國已經是外服封國地域，為王畿以外地區，本不應由周王直接管轄。略論如下。

金文中常見有以「𠂤（師）」稱呼的地理方位，一般認為是西周時期較為重要的軍事單位。于省吾先生曾表示：「凡金文中地名之稱『某師』者，『師』的上一字為原有地名，『師』字則由於時常為師旅駐紮而得名。」[64]簡要論之：宗周附近有螯師、𨑹芳師、京師、楊師；成周附近有管師、成師、商師、洛師；王畿南緣有古師、堂師；王畿東緣有𡍳師、牧師、柯師；外服侯國一帶的邊遠地區：齊師、曾鄂師、炎師。這種分布是具有明顯的層次性的。宗周一帶的各師，其目的自然是拱衛都城，都距離王都不遠。同理，成周一帶圍繞洛陽地區的各師也具有同樣的目的，銘文中出現「王在管師」的記載就可以作為證據。古師、堂師、柯師等諸師，距離王都較遠，他們的目的應該是分布在王畿邊緣，作為抵禦外敵的第一屏障。再遠一些的各師，如齊師、鄂師等都遠在東國、南國地區，這一類師駐戍的目的便應該是配合四方分封的侯國，進行邊域地區的征伐了。那麼實際上根據已經發現的各師情況，可總結為三類：拱衛京師類、守護王畿類、遠征四方類。

其中位於王畿南緣的堂師見於或簋等銅器：

---

64 于省吾：〈略論西周金文中的「六𠂤」「八𠂤」及其屯田制〉，《考古》1964年第3期，頁152。

　　𢆶簋一九七五年三月出土於陝西扶風縣法門鎮莊白村西周墓，通
高二十點三、口徑二十二點三、腹深十二點三釐米，重五點零六二公
斤。侈口束頸，下腹向外傾垂，圈足低矮而外侈，蓋面隆起，圈形捉
手。器與蓋均飾以垂冠大鳥，兩兩對峙，通體填以雷紋。雙耳作立體
豎冠昂首鳥，鳥首高出器口，足作垂珥，造型美觀。圈足飾陽弦紋兩
道。蓋、器同銘，各一三四字（其中重文二）。𢆶簋銘：

> 隹（唯）六月初吉乙酉，才（在）堂師，戎伐馭，𢆶率有嗣
> （司）、師氏奔追禦戎于棫林，博（搏）戎馘。朕文母競敏啟
> 行，休宕氒（厥）心，永襲氒（厥）身，卑（俾）克氒（厥）
> 啻（敵），隻（獲）馘百，執訊二夫，孚（俘）戎兵；盾、
> 矛、戈、弓、備（箙）、矢、裨、胄，凡百又（有）卅又
> （有）五敊，孚（捋）戎孚（俘）人百又（有）十又（有）
> 三（四）人。衣（卒）搏，無尤於𢆶身，乃子𢆶拜稽首，對揚
> 文母福剌（烈），用乍（作）文母日庚寶尊簋，卑（俾）乃子
> 𢆶萬年，用夙夜尊言（享）孝於氒（厥）文母，其子子孫孫永
> 寶。（𢆶簋，《集成》4322）

　　該器銘文主要記述了𢆶在堂師這個軍事城邑率領有司、師氏抵禦
入犯之戎的史事。堂師又見於𢆶鼎。𢆶鼎也出土於莊白村西周墓，通
高二十七點五、口橫二十六、口縱十七、腹深十五點五釐米，重六點
五百一十九公斤。體呈橢方形，窄沿方唇，下腹向外傾垂，口沿上有
一對立耳，四條柱足上粗下細，平蓋沿下折，蓋中鑄成環紐，兩端有
長方形孔，以納雙耳，四角有曲尺形扉，倒置可成案組。頸部飾以細
雷紋為地的夔紋，夔無腹足；垂冠回首，尾下卷作刀形，其下為陽弦
紋一道，腹部素面。外底有「×」形強筋線。蓋、器同銘，各六十五

字（其中重文二）。或鼎銘：

> 唯九月既望乙丑，才（在）堂師，王俎姜吏（使）內史友員易
> （錫）或玄衣、朱襮裣，或拜稽首，對揚王俎姜休。用乍
> （作）寶鬺尊鼎，其用夙夜言（享）孝於毕（厥）文且（祖）
> 乙公，于文姚日戊，子子孫孫永寶。（或鼎，《集成》2789）

　　該器銘文主要記述王俎姜在堂師命內史賞賜或命服的史事。兩器
應屬西周穆王時器，王俎姜應即王祖姜，王祖姜可能是康王之後、穆
王之祖母。[65]或簋銘文體現出了堂師作為軍事城邑的性質，承擔著地
域外地的軍事職責；而或鼎銘文則表現出周王室對這些軍事城邑、重
要將領的重視，同時也體現出周王很可能也存在著巡視畿內、王畿邊
緣地區重要軍事城邑的行為。

---

65 說見黃益飛：〈略論昔雞簋銘文〉，《中國國家博物館館刊》2018年第3期，頁58。

圖24　戜簋銘文　　　　圖25　戜鼎銘文

「堂」的地理方位爭議不大，與銅器銘文中的棫林、猷（胡）都相距不遠，棫林有陝西、河南二說。這裡的棫林應在河南葉縣一帶，胡國地應在河南郾城（今漯河）一帶。[66]堂師一般認為即春秋時期的堂（棠）谿，就在距離二地不遠的河南省駐馬店市西平縣。[67]在葉縣、郾城一帶也分布著重要的姬姓諸侯國。經過對河南平頂山市新華區滍陽鎮滍陽嶺應國墓地的發掘，可以判斷這一帶正是西周冊封的應國所在地。應為武王之穆，[68]從應國銅器來看，應國的國君往往稱「應侯」，可知應是周初所冊封的姬姓侯國。平頂山市北與許昌市接

---

66 裘錫圭：〈說戜簋的兩個地名——「棫林」和「胡」〉，《裘錫圭學術文集》第三卷（上海市：復旦大學出版社，2015年），頁35-36。

67 參見蔡運章：〈胡國史跡初探——兼論胡與楚國的關係〉，《甲骨金文與古史研究》（鄭州市：中州古籍出版社，1993年），頁83。張家琦：〈試論西周胡國的族源（續）〉，《安徽史學》1993年第3期，頁17。

68 《左傳》〈僖公二十四年〉。

壤、西與洛陽市為鄰、東與漯河市相接、南行即為南陽盆地，河南葉縣也正歸平頂山市管轄。

重要侯國應國與重要軍事城邑堂師的地理位置的接近，西周王畿南緣區域的重要性不言而喻。泜水（即滍水）流域正在應國附近，那麼應、氐（泜）、堂三地的重要軍事意義就呼之欲出了，任鼎銘文之「王在氐」之「氐」就應在這一地區。

匋盉銘文之「氐」取決於對「青公」的認識，目前來看仍以「青」為「邢」之說較優，但仍缺乏較為重要的證據。臣諫簋軝國之「軝」地望在今河北元氏縣，可確認無疑。這三處氐地，雖然位置不同，但相互之間應該有其承繼關係。黃河南岸之氐很有可能就是河北元氏之氐南徙所帶去的名稱。這一點從商代「砥石」地望與商代的氐羌部族有關。

三　漢代的氐人

東漢三國時期，氐與羌的分別已經十分明顯。當時氐人的相關記載，主要見於《魏略》〈西戎傳〉，從這段彩禮中我們能夠能夠得知漢時氐人之國的一些情況。《三國志》〈魏志〉〈烏丸鮮卑東夷列傳〉裴松之注引魚豢《魏略》〈西戎傳〉：

> 氐人有王，所從來久矣。自漢開益州，置武都郡，排其種人，分竄山谷間，或在福祿，或在汧、隴左右。其種非一，稱槃瓠之後，或號青氐，或號白氐，或號蚺氐，此蓋蟲之類而處中國，人即其服色而名之也。其自相號曰盍稚，各有王侯，多受中國封拜。近去建安中，興國氐王阿貴、白項氐王千萬各有部落萬餘，至十六年，從馬超為亂。超破之後，阿貴為夏侯淵所

攻滅，千萬西南入蜀，其部落不能去，皆降。國家分徙其前後
兩端者，置扶風、美陽，今之安夷、撫夷二部護軍所典是也。
其〔太〕本守善，分留天水、南安界，今之〔廣平魏郡〕廣魏
郡所守是也。其俗，語不及羌雜胡同，各自有姓，姓如中國之
姓矣。其衣服尚青絳。俗能織布，善田種，畜養豕牛馬驢騾。
其婦人嫁時著衽露，其緣飾之制有似羌，衽露有似中國袍。皆
編髮。多知中國語，由與中國錯居故也。其自還種落間，則自
氐語。其嫁娶有似於羌，此蓋乃昔所謂西戎在於街、冀、豲道
者也。今雖都統於郡國，然故自有王侯在其虛落間。又故武都
地陰平街左右，亦有萬餘落。[69]

首先，漢時氐人分布地區在武都郡或汧、隴地區。漢武都郡，在
今甘肅隴南；隴為隴山。汧即汧水，《漢書》〈地理志〉右扶風汧縣：
「北有蒲谷鄉弦中谷，雍州弦蒲藪。汧水出西北，入渭。」[70]汧水為
渭河支流，在陝甘地區。

第二，氐人建國稱王，歷史頗早，「部落萬餘」，表明其部族國家
規模已經頗為廣大。

第三，「語不及羌雜胡同，各自有姓，姓如中國之姓」，表明其俗
已與中原接近。「俗能織布，善田種，畜養豕、牛、馬，驢、騾」，由
此，有觀點認為氐族其實就是從羌族中分化出來後由高地向低地發展
並主要經營農業的族類。[71]

---

69 〔晉〕陳壽撰，〔宋〕裴松之注：《三國志》（北京市：中華書局，1971年），頁858-
859。

70 〔漢〕班固：《漢書》（北京市：中華書局，1962年），頁1547。

71 段渝：〈先秦川西高原的氐與羌〉，《阿壩師範高等專科學校學報》，2007年3月第1期，
頁1。

　　根據《魏略》這一段記載，氐人的先代是街、冀、獂道地區諸戎。街即《漢書》〈地理志〉街泉，屬天水郡。冀，《漢書》〈地理志〉屬天水郡。邽即《漢書》〈地理志〉上邽，屬隴西郡。獂道，《漢書》〈地理志〉屬天水郡。《史記》〈秦本紀〉記載秦孝公西斬戎之獂王，秦武公十年伐冀戎，則街、冀、獂道地區諸戎記載可早至東周初期。黃烈認為從《詩經》中可以看到街、冀、獂道地區諸戎與氐的關係。《詩經》〈小戎〉：「在其板屋，亂我心曲。」毛傳：「西戎板屋。」孔穎達疏：「〈地理志〉云，天水隴西，山多林木，民以板蓋屋，故秦詩云『在其板屋』，然則秦之西垂民小板屋。言西戎板屋者，此言亂我心曲，則是君子伐戎，其妻在家思之，故知板屋謂西戎板屋，想念君子伐得而居之也。」[72]〈秦風〉〈小戎〉為讚美襄公的詩篇，應屬東周的的作品。黃烈表示：「總之，應在詩三百集成以前，即周景王元年（西元前544年）以前。在此期間，秦人多次伐戎，但其伐西垂之戎，有記載的為兩次，一次為秦武公十年伐邽冀戎；一次為穆公三十七年（西元前623年）伐西戎。即使是後一次，也應包括街、冀、獂戎在內。可見街、冀、獂戎是有居住板屋風俗的戎人，與遊牧人以墓帳為家者不同。而氐人的傳統習俗是『無貴賤皆為板屋土牆』那末街、冀、獂戎與氐人恐不無關係了。」[73]

　　氐、羌在語言、風俗上的相同處，正是兩者同源之證。

　　《史記》〈西南夷列傳〉云：「西南夷君長以什數，夜郎最大。其西靡莫之屬以什數，滇最大；自滇以北，君長以什數，邛都最大；此皆魋結，耕田，有邑聚。其外西自同師以東，北至楪榆，名為嶲、昆明，皆編發，隨畜遷徙，毋常處，毋君長，地方可數千里。自冉以東

---

72 龔抗雲、李傳書、胡漸逵、肖永明、夏先培整理，劉家和審定：《毛詩正義》，頁486。

73 黃烈：〈有關氐族來源和形成的一些問題〉，《歷史研究》1965年第2期，頁110-111。

北，君長以什數，徙、筰都最大；自筰以東北，君長以什數，冄駹最大。其俗或士箸或移徙，在蜀之西。自冄駹以東北，君長以什數，白馬最大，皆氐類也。此皆巴蜀西南外蠻夷也。」[74]

《後漢書》〈南蠻西南夷列傳〉：「西南夷者在蜀郡徼外，有夜郎國，東接交阯，西有滇國，北有邛都國，各立君長。其人皆椎結左衽，邑聚而居，能耕田。其外又有嶲、昆明諸落，西極同師，東北至葉榆，地方數千里。無君長，辮髮，隨畜遷徙無常。自嶲東北有莋都國，東北有冉駹國，或土著或隨畜遷徙。自冉駹東北有白馬國，氐種是也。此三國亦有君長。」[75]

《通典》卷一百八十九「氐」條云：「氐者西戎之別種，在冉隴東北，廣漢之西，君長數十，而白馬最大。」[76]《御覽》卷七百九十一「白馬」條云：「漢書曰，蜀之西，冉駹以東北，君長以十數，白馬最大，皆氐類也。」[77]此係節錄史漢原文，但編者把「皆氐類也」作為以白馬為首的十數君長的結語，其理解是正確的。可以肯定，秦漢以來氐族的範圍只能從冉駹東北與白馬相鄰近的一些地區去探求，而不能把它的範圍過分擴大。

《後漢書》〈地理志〉有氐道之稱的，在隴西郡有丘道。氐道，漢置。在上邽東南，今甘肅清水縣境。廣漢郡有甸氐道、剛氐道。甸氐道，漢置。相當於今甘肅文縣一帶。白馬水源出於文縣西，流經文縣，故甸氐道當即白馬氐的分布區域。剛氐道，漢置。相當於今川北平武一帶。蜀郡有湔丘道。湔丘道，秦置縣，漢改為道。約當今川西北的松潘一帶。可見漢代的氐人族群支族眾多，分布亦廣。在今甘、

---

74 〔漢〕司馬遷，顧頡剛整理：《史記》，頁2991。
75 〔宋〕范曄撰，〔唐〕李賢等注：《後漢書》，頁2844。
76 〔唐〕杜佑撰：《通典》（北京市：中華書局，1984年），頁5141-5142。
77 〔宋〕李昉等：《太平御覽》（北京市：中華書局，2000年），卷七九一，四夷部，頁3507。

陝、川的一大片地區，是戰國秦漢時期氐人廣泛分布長久居住的地區。氐人作為一個穩定民族的形成，也正在這一時期、這一地區。

四　川西高原的氐羌族群

《後漢書》〈西羌傳〉記載西羌部族：「濱于賜支，至乎河首，綿地千里。」賜支即析之，在黃河上游湟水流域一帶。〈西羌傳〉又曰：「賜支者，〈禹貢〉所謂析支者也，南接蜀漢徼外蠻夷。」[78]在〈西羌傳〉這份關於羌人族群最早的系統性記錄中，就已經說明在蜀漢地區，亦分布有羌人族群。《後漢書》〈冉駹傳〉載：「其山有六夷、七羌、九氐，各有部落」[79]，則表明這一地區既有羌人、也有氐人。

西南地區廣泛分布的羌人，一般認為四川西北部的羌人在先秦時期陸續由西羌遷入，主要有白馬羌、冉駹羌、青衣和犛牛等。馬長壽先生認為羌族分布在河西走廊之南，洮、岷二州之西，先秦時期分幾次進入中原。戰國後期，河湟地區羌人分成三支：分別為越巂羌，在漢代越巂郡，大渡河南邊的則稱為犛牛種；一支為廣漢羌，在漢代廣漢郡，後移居到廣漢郡西北，稱為白馬種；一支為武都羌，在漢代武都郡的西部，稱為參狼種。參狼種羌的後裔就是北朝時的宕昌羌。而白馬羌則在漢代以前就從黃河上游的賜支河曲徙至岷江上游，有可能就是茂汶羌民的祖先。[80]

白馬即指白馬氐，先秦時分布在今四川綿陽地區北部與甘肅南部武都之間的白龍江流域。白馬在史籍中的較早記載為《史記》〈西南夷傳〉：「自冉駹以東北，君長以什數，白馬最大，皆氐類也。」。白

78　〔宋〕范曄撰，〔唐〕李賢等注：《後漢書》，頁2869。

79　〔宋〕范曄撰，〔唐〕李賢等注：《後漢書》，頁2858。

80　馬長壽：《氐與羌》，頁99。

馬這一支氐羌部族的族屬，或認為屬氐，或認為屬羌。馬長壽先生認
為，史籍中記載的白馬羌有三種，一是武都的白馬羌，也就是〈西羌
傳〉中提及的「參狼種武都羌」，不是廣漢郡的白馬羌；二是《三國
志》所引《魏略》〈西戎傳〉中的白馬羌，屬於月氏胡，也並非廣漢
郡的白馬羌；三是〈西羌傳〉中所記的「廣漢塞外白馬羌」，在蜀汶
山郡一帶。[81]

《水經》〈漾水〉注「白馬」為地名：「白水又東南徑陰平道故城
南，王莽更名摧虜矣，即廣漢之北部也，廣漢屬國都尉治，漢安帝永
初三年分廣漢蠻夷置，又有白馬水，出長松縣西南白馬溪。」[82]那麼
說明白馬部族或因水得名，或經遷徙後將此水命名為「白馬」，總
之，白馬氐即指散布在白馬水一帶的氐人。白馬為陰平道所轄，漢初
屬廣漢郡，元鼎六年分廣漢西部置武都郡時，改屬武都郡。武都郡為
氐人的重要分布區，河池（仇池）道至魏晉以後尚為氐人的重要據
點。據《史記》所說，除了白馬以外，還有以什數的氐人君長，說明
氐人的部族國家，這時分布已經極為廣泛。

「白馬」一詞在金文中就已經出現。二○○五年洛陽大學文物館
收藏一件戰國銅鼎王太后鼎。通高十四點三、口徑十八點六、兩耳間
二十一點五釐米，重二點四十七公斤。扁圓體，斂口，口沿下有一對
附耳，三個蹄足，蓋面隆起，上設三個環鈕。足下有範線，外底有一
層煙炱。通體光素。蓋側刻銘文兩處共十二字，口沿刻銘文三處共十
四字，左耳刻銘文一字，底部刻銘文一字。

　　　蓋鼎右側豎刻銘：王大（太）後；左側豎刻：白馬廣平〔侯〕

81　馬長壽：《氐與羌》，頁174。
82　〔北魏〕酈道元著，陳橋驛校證：《水經注校證》（北京市：中華書局，2007年），
　　頁484。

昌夫；口沿銘：白馬廣平侯昌夫，大（太）子左私室，一觳；
耳銘：室；底名：×。（《銘圖》2043）

　　同時需要注意，鼎銘中的「王大後」「大子左私室」「一觳」「×」
等字形，筆劃廚房，字體工整，刻劃較深；其餘「白馬廣平〔侯〕昌
夫」等字刻的較淺，筆道纖細，字體草率而清瘦，與前者風格迥異，
應為後刻。「王大後」應即「王太后」。陝西澄城縣出土過一件王太后
右私室鼎銘文中亦稱「王太后」，[83]這是對戰國晚期燕國某位燕王目前
的稱謂，因此該器年代屬戰國晚期，燕國銅器。

　　該器銘文中出現「白馬」，表明白馬這一支氐羌部族很早就在歷
史時期出現了。劉余力、蔡運章認為：

　　「白馬」為部族名，應是白馬氏的省稱。《逸周書》〈王會篇〉
記載少數民族向西周王朝貢獻方物時說：「氐羌鸞鳥。」孔晁
注：「氐地之羌，不同，故謂之氐羌，今謂之氐矣。」這說明
「氐」是羌族的一支。《史記》〈西南夷列傳〉載：「自冄駹以
東北，君長以什數，白馬最大，皆氐類也。」《索隱》：「白
馬，夷邑名，即白馬氏。」《正義》引《括地志》云：「隴右成
州、武州皆白馬氏。」《魏書》〈氐傳〉：「氐者。西夷之別種，
號曰白馬。三代之際，蓋自有君長，……秦漢以來，世居岐隴
以南，漢川以西，自立豪帥。漢武帝遣中郎將郭昌、衛廣滅
之，以其地為武都郡。」可見「白馬氏」是以白馬為圖騰的羌
族，秦漢以來大致活動在今甘肅東南、陝西西南和四川一帶。
漢武帝時收復白馬氏，在其地設武都郡（今甘肅西和）。[84]

---

83 張懋鎔、王勇：〈「王太后右和室」銅鼎考略〉，《考古與文物》1994年第3期，頁100。
84 劉余力、蔡運章：〈王太后左私室鼎銘考略〉，《文物》2006年第11期，頁66。

到漢代時期，在廣漢白馬水一帶地區，多見羌人活動，或稱為「白馬羌」，或稱為「白馬氏」。有學者認為，這表明羌族中的一支已遷入其地，而因白馬之號。[85]這支羌人，在《後漢書》〈西羌傳〉被記載為「或為白馬種，廣漢羌是也」。白馬羌的分布，除今綿陽地區北部外，也向西延展到松潘。但是也有學者認為武都的白馬羌實為羌人種的參狼種，只有蜀郡西北的才是白馬羌。[86]

《後漢書》〈南蠻西南夷列傳〉：「西南夷者，在蜀郡徼外。有夜郎國，東接交阯，西有滇國，北有邛都國，各立君長。其人皆椎結左衽，邑聚而居，能耕田。其外又有嶲、昆明諸落，西極同師，東北至葉榆，地方數千里。無君長，辮髮，隨畜遷徙無常。自嶲東北有莋都國，東北有冉駹國，或土著，或隨畜遷徙。自冉駹東北有白馬國，氐種是也。此三國亦有君長。」[87]《後漢書》這段記載言明白馬國為氐種，但後文又言「三國亦有君長」，按文中看，三國指莋都、冉駹與白馬，那麼莋都、冉駹是否也是氐人所建之國呢？

《史記》〈西南夷列傳〉記載：「自巂以東北，君長以什數，徙、筰都最大。」《集解》引徐廣曰：「徙在漢嘉。」[88]漢嘉，今四川雅安一帶。《續漢書》〈郡國志〉「蜀郡屬國」下載：「漢嘉，故青衣。」《水經》〈青衣水注〉載：「（青衣）縣，故青衣羌國也。」[89]《華陽國志》〈蜀志〉記載：「天漢四年，罷沈黎，置兩部都尉：一治旄牛，主外羌；一治青衣，主漢民。」[90]則是以旄牛羌為外羌，青衣羌為內羌，兩族均為羌人部落之分支。那麼由此看來漢嘉（即青衣）之徙人

---

85 冉光榮、李紹明、周錫銀：《羌族史》，頁98-99。

86 馬長壽：《氐與羌》，頁99。

87 〔宋〕范曄撰，〔唐〕李賢等注：《後漢書》，第2844頁。

88 〔漢〕司馬遷，顧頡剛整理：《史記》，頁2991。

89 〔北魏〕酈道元著，陳橋驛校證：《水經注校證》，頁822。

90 〔晉〕常璩撰，劉琳校注：《華陽國志校注》（成都市：巴蜀書社，1984年），頁218。

也是羌族的一支。

　　羅泌《路史》〈後紀四〉：「靈烝生氐人」，又「泰岳生先龍，先龍生玄氏，玄氏乞姓。湯革夏伐氐，氐人來朝。其別為青白蚺之三氐。後有羌氐、羌戎氏、楊氐、符氐、氐羌數十，白馬最大，非無弋後者。」又卷二四「玄氐」條：「乞姓羌也，今文鳳二竸，白馬氐者居仇池曰氐侯，今與武成皆四州地，蓋岐隴而南漢川以西皆氐云。」[91]

　　《山海經》：「西岳生先龍，先龍是始生氐羌，氐羌乞姓。」《山海經廣注》：「任臣案：《路史》先龍生元氐，元氏乞姓羌也。蓋岐隴而南漢川以西皆氐云。湯革夏，伐氐，氐人來朝，其別為青白蚺之三氐，氐羌數十，白馬最大。今文鳳二竟。白馬氐者居仇池曰氐侯。〈商頌〉云：自彼氐羌。〈地理志〉隴西有氐道、羌道，氐類種名。〈王會篇〉云：氐羌以鸞鳥，注羌不同故謂之氐羌。賈捐之曰：成王地西不過氐羌。又黃氏曰：羌，古姜姓，三苗之後，此云乞姓，明非一種也。」[92]

　　任乃強指出，蜀西交界的青衣羌，或作青羌、青氐，這是與大巴山區羌支各族同時進入四川盆地邊緣的羌支民族。[93]

　　莋都或作筰都、筰都。《後漢書》〈南蠻西南夷列傳〉稱：「莋都夷者，武帝所開，以為莋都縣。其人皆被髮左衽，言語多好譬類，居處略與汶山夷同。土出長年神藥，仙人山圖所居焉。元鼎六年，以為沈黎郡。至天漢四年，并蜀為西部，置兩都尉，一居旄牛，主徼外夷。一居青衣，主漢人。」[94]此處《後漢書》的記載與《華陽國志》不同，只作西南之夷。《史記》〈大宛列傳〉《正義》曰：「筰，白狗羌也。」

91　〔宋〕羅泌：《路史》〈後紀四〉（四部備要）（上海市：中華書局，1936年），頁77。

92　〔清〕吳任臣：《山海經廣注》卷十八，早稻田大學圖書館藏本No.11/05　03607，葉八。

93　任乃強：《羌族源流探索》，頁103。

94　〔宋〕范曄撰，〔唐〕李賢等注：《後漢書》，頁2854。

則筰都被認為是羌人族群中的一支，名白狗羌。段渝認為，筰都岷江上游的「阿巴白構」有關，而阿巴白構正是白狗羌。確切說明筰都是白狗羌，應是岷江上游白狗羌南下的一支，是犛牛種之白狗羌。[95]

《後漢書》〈南蠻西南夷列傳〉記載：

> 冉駹夷者，武帝所開。元鼎六年，以為汶山郡。至地節三年，夷人以立郡賦重，宣帝乃省並蜀郡為北部都尉。其山有六夷七羌九氏，各有部落。其王侯頗知文書，而法嚴重。貴婦人，黨母族。死則燒其尸。土氣多寒，在盛夏冰猶不釋，故夷人冬則避寒，入蜀為傭，夏則違暑，反其眾邑。皆依山居止，累石為室，高者至十餘丈，為邛籠。又土地剛鹵，不生穀粟麻菽，唯以麥為資，而宜畜牧。有旄牛，無角，一名童牛，肉重千斤，毛可為氈。出名馬。有靈羊，可療毒。又有食藥鹿，鹿麞有胎者，其腸中糞亦療毒疾。又有五角羊、麝香、輕毛毦雞、牲牲。其人能作旄氈、班罽、青頓、毞毲、羊羧之屬。特多雜藥。地有鹹土，煮以為鹽，羆羊牛馬食之皆肥。[96]

漢冉駹夷在汶山郡，其地就在今四川阿壩藏族羌族自治州的茂縣、汶川縣和理縣一帶。冉、駹原為兩族。《史記》〈司馬相如列傳〉：「因朝冉從駹，定筰存邛」，《史記》〈大宛列傳〉：「乃令張騫因蜀、犍為發間使。四道並出：出駹，出冉，出徙，出邛、僰」，均分而言之。冉、駹得名，與冉山和駹水有關。[97]冉山在茂州，唐於茂州

---

95 段渝：〈先秦川西高原的氐與羌〉，《阿壩師範高等專科學校學報》，2007年3月第1期，頁4。

96 〔宋〕范曄撰，〔唐〕李賢等注：《後漢書》，頁2857。

97 李紹明：〈關於羌族古代史的幾個問題〉，《歷史研究》，1963年，第5期，頁170。

都督府下設有冉州冉山縣。駹得名於駹水,《續漢書》〈郡國志〉「蜀郡汶江道」下劉昭注引《華陽國志》說:「涉水,駹水出焉」。漢汶江道在今茂縣治北,可知駹水亦在茂,可能即是黑水,一曰湔水支流。[98]

《後漢書》記載冉駹部族「死則燒其尸」,葬俗與氐羌一致;又「皆依山居止,累石為室,高者至十餘丈,為邛籠」,有學者指出邛籠即《先蜀記》所載蠶叢氏所居的石室。冉駹二字,古音與蠶叢相近,為同音異寫。[99]段渝指出:「蠶叢為氐,冉、駹必然也是氐族。《魏略》〈西戎傳〉記載氐族中有『蚺氐』,又說『此蓋蟲之類而處中國』,故字從蟲。說明冉、駹為氐族。漢初所設湔氐道,在今汶川一帶,『氐之所居,故曰氐道』。這些都是冉、駹為氐族的確切證據。」[100]冉駹與蠶叢年代相距甚遠,此證較難採信;但冉駹為氐羌之族,仍可以明瞭。

童恩正先生表示述及冉駹,曾指出:「《後漢書》稱冉、駹夷『其王侯頗知文書』。羌族自古即無文字;也不可能是漢文,惟一合理的解釋是氐族本身另有一種文字。雖然這種文字目前尚無發現,但我們尚有一點旁證,即戰國時代位於成都平原的蜀族是有文字的,而蜀族即為古代氐族的一支。在秦滅巴蜀以後,此種文字在巴蜀地區停止使用,但卻在邊遠地區的氐族中延續了一段時間,這也是可能的事。」[101]這裡提到兩點值得注意:第一,氐人繼承了蜀人的文字傳統;[102]第

---

98 段渝:〈先秦川西高原的氐與羌〉,《阿壩師範高等專科學校學報》,2007年3月第1期,頁2。

99 蒙默:〈試論古代巴、蜀民族及其與西南民族的關係〉,《貴州民族研究》,1984年第1期,頁49。

100 段渝:〈先秦川西高原的氐與羌〉,《阿壩師範高等專科學校學報》,2007年3月第1期,頁2。

101 童恩正:〈四川西北地方石棺葬族屬試探——附談有關古代氐族的幾個問題〉,《思想戰線》1978年1期,頁75。

102 有關氐人與蜀人的關係,參見童恩正、龔廷萬:〈從四川兩件銅戈上的銘文看秦滅巴蜀後統一文字的進步措施〉,《文物》1976年第7期,頁84;童恩正:〈古代的巴

二，文字之別，也稱為氐與羌二族分化的證據。

《後漢書》〈南蠻西南夷列傳〉載：「其西又有三河、槃於虜，北有黃石、北地、盧水胡，其表乃為徼外。靈帝時，復分蜀郡北部為汶山郡云。」[103]

關於盧水胡，《後漢書》〈竇融列傳〉載：「十五年冬，拜為奉車都尉，以騎都尉耿忠為副，謁者僕射耿秉為駙馬都尉，秦彭為副，皆置從事、司馬，並出屯涼州。明年，固與忠率酒泉、敦煌、張掖甲卒及盧水羌胡萬二千騎出酒泉塞，耿秉、秦彭率武威、隴西、天水募士及羌胡萬騎出居延塞，又太僕祭肜、度遼將軍吳棠將河東北地、西河羌胡及南單于兵萬一千騎出高闕塞，騎都尉來苗、護烏桓校尉文穆將

蜀〉第六章，《四川大學學報》1977年第2期。此外，有關巴族與氐族二者的關係，學術界也有不同意見。或認為將巴與氐一併看待，認為巴與氐為同族；或認為氐為巴人西行後的一支，二者同源。或者持有反論，認為巴族與氐族各自有不同的來源和內涵，應當分別看待。黃烈先生認為，從種種跡象來看，巴和氐在族源上是很難說是相同的。從地理上來說，巴的西界與氐隔著蜀地；其北界與氐隔著漢中。黃烈認為，巴與氐二族的不同首先體現在其祖先和傳說中的圖騰不同。根據《後漢書》〈南蠻傳〉的記載，巴人是廩君之後，廩君死後化作白虎，是為巴人之祖；而氐人傳說記載與此截然不同。在風俗習慣上，二族也並不相同。根據巴人遺存的考古調查情況來看，戰國、秦漢時期的巴人盛行船棺土葬，這與《荀子》、《呂氏春秋》所記載的「氐羌之虜也，不憂其係壘也，而憂其不焚」的火葬葬俗並不一致。巴氐之名合稱見於《晉書》〈李特載記〉「漢末，張魯居漢中，以鬼道教百姓，賨人敬信巫覡，多往奉之。值天下大亂，自巴西之宕渠，遷于漢中楊車阪，抄掠行旅，百姓患之，號為楊車巴。魏武帝剋漢中，特祖將五百餘家歸之，魏武帝拜為將軍，遷于略陽，北土複號之為巴氐。」又謂：「可見板楯蠻在漢中時尚稱巴，直至到略陽後與氐錯居，方號之為巴氐，以與氐相區別」，又稱「即使在西晉末六郡入蜀的流民集團中，巴氐和氐也還是有區別的」。巴與氐的關係，可總結為：「巴人遷至略陽後之所以稱巴氐，也是由於巴和氐出現了融合的趨勢，這種融合的出現，不是巴人氐化，也不是氐人巴化，而是巴和氐都在共同的漢化。當然在漢化的同時，並不排斥巴、氐和漢的相互影響。」參見黃烈：〈有關氐族來源和形成的一些問題〉，《歷史研究》1965年第2期，頁110。

103 〔宋〕范曄撰，〔唐〕李賢等注：《後漢書》，頁2859。

太原、雁門、代郡、上谷、漁陽、右北平、定襄郡兵及烏桓、鮮卑萬一千騎出平城塞。」[104]則盧水胡即史書中的羌胡。《後漢書》〈西羌傳〉：「武帝征伐四夷，開地廣境，北卻匈奴，西逐諸羌，乃度河、湟，築令居塞、初開河西，列置四郡，通道玉門，隔絕羌胡，使南北不得交關……是歲（延光元年），虔人種羌與上郡胡反，攻穀羅城。度遼將軍耿夔將諸郡兵及烏桓騎赴，擊破之。」虔人種羌與上郡胡連稱，可見這兩支羌種族屬相近，上郡胡分布於上郡、虔人種分布於西河，居處亦不遠。二者合稱，互文見義，此處的胡也是「羌胡」的胡，意指東羌。顯然，能夠看出，在這一類例子中，羌和胡一直是相伴出現。如前文述，其實「羌胡」這一稱呼就是對漢朝統屬下羌民的稱呼。

《華陽國志》〈蜀志〉記載：「汶山郡，本蜀郡北部冉駹都尉，孝武元鼎六年置。舊屬縣八，戶二十五萬，去洛三千四百六十三里。東接蜀郡，南接漢嘉，西接涼州酒泉，北接陰平。有六夷、羌胡、羌虜、白蘭峒、九種之戎，牛馬、旄氈、班罽、青頓、毞毲、羊羖之屬。特多雜藥名香。有鹹石，煎之得鹽。土地剛鹵，不宜五穀，惟種麥。而多冰寒，盛夏凝凍不釋。故夷人冬則避寒入蜀，庸賃自食，夏則避暑反落，歲以為常，故蜀人謂之作氐、白石子也。」[105]則六夷、白蘭峒、九種之戎等均與羌胡、羌虜有關，那麼與盧水胡並稱的三河等部族，也有可能是氐羌之屬。

《後漢書》〈南蠻西南夷列傳〉亦載：「永平中，益州刺史梁國朱輔，好立功名，慷慨有大略。在州數歲，宣示漢德，威懷遠夷。自汶山以西，前世所不至，正朔所未加。白狼、槃木、唐菆等百餘國，戶

104　〔宋〕范曄撰，〔唐〕李賢等注：《後漢書》，頁797。
105　〔晉〕常璩撰，劉琳校注：《華陽國志校注》，頁295-296。

百三十餘萬，口六百萬以上，舉種奉貢，稱為臣僕。」[106]

白狼又見於《後漢書》〈西羌傳〉記載：「穆王時，戎狄不貢，王乃西征犬戎，獲其五王，又得四白鹿，四白狼，王遂遷戎于太原。」[107]白狼、白鹿一般認為是周穆王所征伐犬戎的四支部族（或其象徵），犬戎西周金文稱獫狁，很可能就是西周時期居住於隴東高原的羌人部族的一支。段渝指出：從白狼，槃木、唐菆諸部居於汶山郡以西，以及他們與成都平原的交通要經由邛崍山（大相嶺）等情況判斷，這些部落多分布在今四川甘孜州東南部。又謂：「在這些地區內，近年來發掘了不少石棺葬，如爐霍甲洛甲妥、雅江呷拉、巴塘紮金頂等，均與古代羌族有關，應即白狼、槃木、唐菆等部的文化遺存。」[108]那麼白狼、槃木、唐菆以及其地百餘國，很可能也是氐羌部族的後裔。

五　川西地區的石棺葬遺跡與古代氐人

川西高原氐羌的歷史，最早可以追溯到新石器時期，這批石棺葬，廣泛分布於岷江上游、雅礱江流域和金沙江流域，在大渡河流域也有發現。這些石棺葬起源很早，延續時間也很長，自新石器時期到漢代的文物遺跡都有發現。從族屬上看，川西高原的石棺葬學術界一般認為應是氐、羌系統的文化遺存。

自上世紀以來，考古工作者陸續在川西高原、岷江、青衣江上游等地陸續考察了石棺葬遺跡。石棺葬最早發現於岷江上游茂汶地區。一九三八年，馮漢驥先生在汶川縣蘿葡寨調查清理了一座殘墓。[109]一

106　〔宋〕范曄撰，〔唐〕李賢等注：《後漢書》，頁2855。

107　〔宋〕范曄撰，〔唐〕李賢等注：《後漢書》，頁2869。

108　段渝：〈先秦川西高原的氐與羌〉，《阿壩師範高等專科學校學報》，2007年3月第1期，頁4。

109　馮漢驥：〈岷江上游的石棺葬文化〉，成都《工商導報》，1951年5月20日。

九四四年，葛維漢初次概括報導了石棺墓的分布、墓葬結構和出土文物。一九四六年，鄭德坤根據華西大學博物館藏品進行了初步研究。一九六三年，胡昭曦先生對石棺墓的族屬，提出了自己的看法。[110]一九六四年四川大學歷史系在茂汶調查清理了二十八座墓葬，與馮漢驥先生一九三八年清理的墓葬資料合併，形成發掘報告。[111]有關這些石棺葬的族屬、時代和分期爭議很大。[112]也有很多學者認為，總的來說應該是氐羌系統的文化遺存。段渝指出，大渡河、雅礱江和金沙江流域的石棺葬，應與古代羌族有關。[113]據《水經》〈青衣水注〉：「縣故青衣羌國也。」青衣江、大渡河流域古為羌族地，有莋、徙等族，故其石棺葬應與青衣羌、犛牛羌等有關。雅礱江和金沙江流域也是古羌人居地。從巴塘紮金頂墓葬年代在西元前一二八五年即商代後期[114]來看，羌人早在商代就已入川，其南下路線當沿金沙江、雅礱江河谷而行。[115]

石棺葬的位置，大抵均在河谷兩岸的臺地上，高度從河谷以上二百米到一千米不等。墓葬密集，排列整齊，屍骨均頭向山坡而腳向河谷。每一墓地所葬石棺，少則數十，多則上百。石棺葬的分布區域，不僅在四川的汶川、理縣、茂縣境內，北至黑水，西至巴塘，南抵西昌地區雅礱江流域均有發現。[116]石棺墓的結構，系用板岩或片麻岩打

---

110 參見胡昭曦：〈論漢晉時的氐羌和隋唐以後的羌族〉，《歷史研究》1963年第2期，頁164-165。

111 馮漢驥、童恩正：〈岷江上游的石棺葬〉，《考古學報》1973年第2期，頁14。

112 羅二虎：〈20世紀西南地區石棺葬發現研究的回顧與思考〉，《中華文化論壇》2005年4期，頁59-66。

113 段渝：〈先秦川西高原的氐與羌〉，《阿壩師範高等專科學校學報》，2007年3期，頁2。

114 中國社會科學院考古研究所實驗室：〈放射性碳素測定年代報告（七）〉，《考古》1980年第4期，頁376。

115 段渝：〈先秦川西高原的氐與羌〉，《阿壩師範高等專科學校學報》，2007年3期，頁2。

116 參見童恩正：〈四川西北地方石棺葬族屬試探——附談有關古代氐族的幾個問題〉，《思想戰線》1978年1期，頁72。

製成長方形石板，嵌成平面略成梯形的石棺。一般長二二○，頭端寬
九十，足端寬六十，高七十釐米左右。有的墓還帶有附棺，即兩棺相
連，中共一石壁，上面有共同的蓋板。葬式一般為仰身直肢，但亦有
二次葬。二次葬又分兩種，有的是一般的拾骨葬，有的是將屍體火化
後，再將殘骨殯入石棺。[117]

　　石棺墓出土的陶器，最主要的是桃核形口沿的雙耳罐，此外，也
有單耳罐、高頸罐、簋形器、單耳杯、碗、盂形器以及紡輪等。出土
的金屬器有銅劍、銅柄鐵劍、銅戈、銅斧、銅鉞、鐵斧、鐵矛、鐵
刀、鐵鋸片、銅連珠鈕（盾飾）、銅盔旄座、銀臂、銅泡飾、銅帶
鉤、銅牌飾、金銀項飾等。此外還發現了粟稷屬糧食作物及黑、紅、
白三色蔴布。[118]

　　過去馮漢驥曾認為「石棺葬的建造者在此居留的時間不會太長，
而佔據的地域亦不甚廣闊，似乎是一種突入的民族。」[119]而經過調查
後，也發現無五銖錢等漢代遺跡，童恩正先生修正說：「實際上，石
棺葬文化是川西北地方分布甚廣，延續時間很長，影響較大的一種土
著民族所創造的。也正因為如此，他們必然要在歷史記載和民間傳說
中留下痕跡。如果從這一認識出發，則我們推測石棺葬的族屬，顯然
有了新的依據。」[120]

　　對於這些石棺墓的族屬判斷，童恩正先生比較早地確認了這些石
棺葬居民的族屬屬於氐羌一系。他認為這是居住在黃河上游的氐羌系
民族，在新石器時代後期部分南遷，進入川西北地方後與當地民族雜

---

117 童恩正：〈四川西北地方石棺葬族屬試探──附談有關古代氐族的幾個問題〉，《思
　　想戰線》1978年1期，頁72。

118 童恩正：〈四川西北地方石棺葬族屬試探──附談有關古代氐族的幾個問題〉，《思
　　想戰線》1978年1期，頁72-73。

119 馮漢驥、童恩正：〈岷江上游的石棺葬〉，《考古學報》1973年第2期，頁55。

120 童恩正：〈四川西北地方石棺葬族屬試探──附談有關古代氐族的幾個問題〉，《思
　　想戰線》1978年1期，頁73。

居，在農業定居過程中，他們與羌族的區別日益顯著，從而構成了川西北氐族的先民。[121]

　　石棺葬中普遍出土有銅器、陶器、骨器等，葬式包括身直肢葬、二次葬和火葬等葬俗。這是很多學者對其族屬作出氐羌系（或羌人系）判斷的依據。俞偉超、水濤等先生都認為石棺葬可能受到寺窪文化的影響。[122]一九八〇年沈仲常、李複華據此認為石棺葬文化來源於北方的羌人文化。[123]一九八六年李複華和李紹明更明確提出羌人說，認為岷江上游的石棺葬屬於早期南下古羌人的一支——戈基人，在漢代時被現在羌族先民，即後到此地的另一支占羌人征服之後，逐漸融合到後到的羌人中，另有一部分融入藏族中。[124]

　　有觀點指出根據羌戈大戰傳說，理縣佳山考古發掘表明岷江上游的「石棺葬」民族即文獻記載的西漢以前的冉駹氏。[125]根據羌族端公（巫師）唱詞和民間口頭相傳的《羌戈大戰》長篇敘事詩中，戈基人是在羌族南下與之激戰後被趕走的一個民族。[126]段渝指出，戈基人即是氐人，先秦岷江上游的石棺葬，應是氐族的文化遺存。岷江上游汶、理、茂地區，當地羌族稱石棺葬為「戈基嘎布」，意為「戈基人的墓」。並舉《山海經》〈海內南經〉「氐人國」與「建木」的記載表

121 童恩正：〈四川西北地方石棺葬族屬試探——附談有關古代氐族的幾個問題〉，《思想戰線》1978年1期，頁76。

122 俞偉超：〈關於「卡約文化」與「唐汪文化」的新認識〉，《先秦兩漢考古學論集》（北京市：文物出版社，1985年），頁205。水濤：〈關於寺窪文化研究的幾個問題〉，《中國西北地區青銅時代考古論集》（北京市：科學出版社，2001年），頁113。

123 沈仲常、李複華：〈關於「石棺葬文化」的幾個問題〉，《中國考古學會第一次年會論文集》（北京市：文物出版社，1980年），頁254。

124 李複華、李紹明：〈論岷江上游石棺葬文化的分期與族屬〉，《四川文物》1986年2期，頁6-8。

125 徐學書：〈試論岷江上游「石棺葬」的源流〉，《四川文物》1987年第2期，頁15。

126 羅世澤整理：《羌戈大戰》，載《木姐珠與鬥安珠》（成都市：四川民族出版社，1983年），頁81-124。

示「《漢書》〈地理志〉記載秦在蜀西設湔氐道,湔氐道即是因氐人聚居而置。可見建木以西的氐人,恰恰是在岷江上游之地。所謂『建木西』,也恰與《史記》〈西南夷列傳〉所記氐族冉駹『在蜀之西』相合。又,《大戴禮記》〈帝繫〉說『青陽降居泜水』,《史記》〈五帝本紀〉作『江水』,古以岷江為長江正源,可知此泜水指岷江,表明也與氐族有關。」[127]此說大抵是正確的,只是《大戴禮記》中的「泜水」《史記》中作「泜水」,「泜水」應為「江水」之誤。

關於石棺葬的起源問題,從近年的考古發現來看,年代最早出現在西北高原。一九七五年在甘肅景泰縣張家臺墓地發現的二十二座半山類型墓葬中,既有木棺墓,也有石棺墓,以石棺墓為主。這批墓葬於一九七五年由甘肅省博物館文物工作隊和景泰縣文化館共同清理和發掘。張家臺新石器時代遺址位於縣城東南約二公里的第二高臺上,俗稱張家臺,故名。考古隊清理了周邊的墓葬二十二座,其中甲區的十八座墓葬較為集中。在清理發掘的二十二座墓葬中,有石棺墓十一座,木棺墓一座,土坑墓十座。墓葬都是單身葬,葬式都屈肢,多數側臥,頭向不一。骨架保存教好。有個別墓葬為二次葬,隨葬品以陶器居多,有壺、罐、缽等。有的墓有較多裝飾品,生產工具較少。[128]

---

127 段渝:〈先秦川西高原的氐與羌〉,《阿壩師範高等專科學校學報》,2007年3月第1期,頁2。

128 韓集壽:〈甘肅景泰張家臺新石器時代的墓葬〉,《考古》1976年第3期,頁180-186。

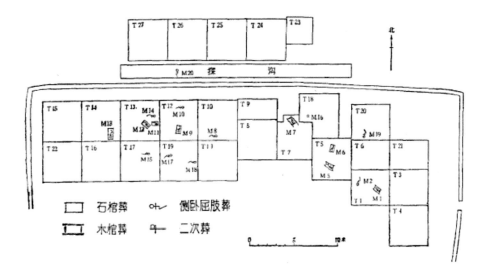

圖26　張家臺遺址（甲區）墓葬分布圖[129]

　　清理發掘石棺墓十一座，分別為M1、3-6、9、11-13、19、21，其中M5、M13、M19、M21為成人墓，其餘是小孩墓葬。墓的結構為先挖土坑，後放棺。棺四壁各由一整塊板石擋立而成（少數為拼湊），有的棺底鋪有石板，棺蓋多用數片板石拼成。其中M11為二次葬。棺室為長方形，東西長零點六三米，南北寬零點二七至零點三米，上有石板蓋。棺東西向，內骨架零亂不全，僅有小孩肢骨殘跡置墓底及陶罐內。隨葬陶器四件排列棺內，幾乎占滿棺室，有彩陶壺一、小彩陶罐一、粗陶罐二。

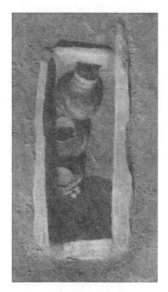

圖27 張家臺墓葬M11[130]

　　景泰縣張家臺墓葬遺址為甘肅仰韶文化半山類型的遺存，其中的石棺墓為西北地方新石器時代墓葬中首次發現。半山類型，約在西元前二二○○至前二○○○年，[131]相當於中原文化中五帝到夏代初期。從年代上看，在川西高原尚未發現比之更早的石棺墓葬。景泰縣張家臺墓葬中的二次葬為甘青地區早期氐羌居民常見的葬俗，這表明這處墓地應與氐羌先民有關。從這批墓葬與川西地區的石棺墓時代早晚來看，是早期羌人自北向南遷徙的一條例證。

　　二十世紀四○年代曾在岷江上游今四川省阿壩藏族羌族自治州的汶川、理縣、茂縣等地發現新石器時代的彩陶和石器等。[132]隨著二

130 韓集壽：〈甘肅景泰張家臺新石器時代的墓葬〉，《考古》1976年第3期，圖版三。

131 中國社會科學院考古研究所：《新中國的考古發現和研究》（北京市：文物出版社，1984年），頁126。

132 林名均：〈四川威州彩陶發現記〉，《說文月刊》第4卷（1944年），頁7。鄭德坤：《四川古代文化史》（成都市：華西大學博物館，1947年），頁53-54。

〇〇〇年營盤山遺址的考古新發現以來，川西地區新石器出土地點計有一百餘處。石器多為扁長形，刃部富於變化，有長條石刀、石刮刀、斧、錛、鑿等，以通體磨光、狹長平薄的斧為特徵。陶器以泥質灰陶為主，也有紅陶和彩陶。器形多為平底，紋飾有繩紋、圓窩紋等。彩陶為紅胎黑彩或黃胎黑彩，與西北甘青地區的馬家窯文化相近，石興邦先生認為是馬家窯文化南下的一支。[133]段渝進一步指出：「石棺葬於夏商時代出現在川西高原，說明氐羌系統的民族中，有一部分在此期間已進入川境，而不是過去所認為的春秋戰國時代。但由於氐、羌同源異流，文化‧風俗上異同並存，加以早期活動地域相近，很難區分彼此，因而西北石棺葬就很難劃分具體族屬。從景泰張家臺石棺葬所揭示出來的情形看，無論是氐還是羌，都應有石棺葬傳統，此外也還有土葬、火葬等傳統，不可非此即彼，一概而論。由此出發，川西高原石棺葬屬氐屬羌，也不能一概而論。綜合多方面資料，大體說來，岷江上游石棺葬應是氐人的文化遺存，雅礱江、金沙江和大渡河流域的石棺葬，則應是羌人的文化遺存。」[134]

　　根據以上學者研究成果來看，較早的羌人遺存分布在西北地方和川西高原地區，而川西高原地區的石棺葬文化又與甘青地區的文化南播有關。那麼我們可以據此認定，「西羌」之本就是生活在甘青藏地區的早期居民，在不斷的發展歷程中文化有東播和南播的現象。早期西羌部族的先民東遷後在不同的歷史時期成為了「東羌」，而南遷之羌人，後世多稱為氐人。

---

133 石興邦：〈有關馬家窯文化的一些問題〉，《考古》，1962年第6期，頁23。

134 段渝：〈先秦川西高原的氐與羌〉，《阿壩師範高等專科學校學報》，2007年3月第1期，頁2。

六　氏與三苗及盤弧傳說

《後漢書》〈西羌傳〉:「西羌之本出自三苗,姜姓之別也,其國近南岳,及舜流四凶,徙之三危。」[135]由是,後世多認為氏羌之祖與三苗有關。《尚書》關於三苗的記載:

〈禹貢〉:「黑水、西河惟雍州。弱水既西,涇屬渭汭,漆沮既從,澧水攸同。荊、岐既旅,終南、惇物,至于鳥鼠。原隰底績,至于豬野。三危既宅,三苗丕敘。厥土惟黃壤,厥田惟上上,厥賦中下。厥貢惟球、琳、琅玕。浮于積石,至于龍門、西河,會于渭汭。織皮崑崙、析支、渠搜,西戎即敘。」[136]

又〈舜典〉:「流共工於幽州,放驩兜于崇山,竄三苗于三危,殛鯀于羽山,四罪而天下咸服」、「北三苗」。[137]

〈呂刑〉篇有:「苗民弗用,靈制以刑」,「報虐以威,遏絕苗民」,「有辭于苗」,「惟時苗民,匪察于獄之麗」,「降咎于苗」[138]等多條記載。

因此《史記》〈五帝本紀〉錄曰:「三苗在江淮、荊州數為亂。於是舜歸而言於帝,請流共工於幽陵,以變北狄;放驩兜於崇山,以變南蠻;遷三苗于三危,以變西戎;殛鯀於羽山,以變東夷:四罪而天下咸服。」[139]

三苗遷于三危,三危的地理位置,《史記》〈五帝本紀〉《正義》引《括地志》云:「三危山有三峰,故曰三危,俗亦名卑羽山,在沙

135　〔宋〕范曄撰,〔唐〕李賢等注:《後漢書》,頁2869。

136　黃懷信整理:《尚書正義》,頁221-225。

137　黃懷信整理:《尚書正義》,頁88-89。

138　黃懷信整理:《尚書正義》,頁779。

139　〔漢〕司馬遷,顧頡剛整理:《史記》,頁28-29。

州敦煌縣東南三十里」，引《神異經》云「西荒中有人焉，面目手足皆人形，而脇下有翼不能飛，為人饕餮，淫逸無理，名曰苗民」，引《山海經》〈大荒北經〉云「黑水之北，有人有翼，名曰苗民」。[140]具體的地望其說有三。

一說，以為三危在鳥鼠山附近，即漢代隴西郡首陽縣西南，秦漢間人主之。鄭玄引《河圖》及《地記書》說：「三危之山在扁鼠之西南，當岷山。」

二說，以為三危在敦煌附近，魏晉間人主之。杜預據《左傳》〈昭公九年〉、「先工居檮杌丁四裔，以禦螭魅，故允姓之姦居于瓜州」，認為古瓜州即敦煌，而允姓之祖與三苗同被流放，三危應在敦煌附近。

三說，以為三危為西裔之山，未知山之所在，唐孔穎達主之。實際上他是對第二說的否定，他認為從「三危既宅」看來，顯然是讚美大禹治水的功勞，由於水災既除，三苗得以安居於三危之山，據此，三危之山應在河南，而敦煌與河不相涉。但是他也不相信第一說，認為「地記乃妄書，其言未必可信」。

孔穎達否定第二說是有理由的，但他否定第一說則沒有什麼根據。從〈禹貢〉「三危既宅，三苗丕敘」的前文看來，有「終南、惇物至於鳥鼠」一句。終南，惇物和鳥鼠是沿渭水流域由東而西的三個山，從敘事的連貫性推測，與三危在地理上比較接近是有可能的。〈禹貢〉又說：「導渭自鳥鼠同穴。」可見鳥鼠山是與大禹治水傳說極有關係的地域，與「三危既宅」可以得到呼應。三危近鳥鼠的說法是比較可信的。根據上面的推測可以說明，三苗的一支曾遷徙到渭水的上游和岷山以北的地區，也就是以後的氐族地區。

---

140 〔漢〕司馬遷，顧頡剛整理：《史記》，頁28-29。

關於三苗的舊居之地，《戰國策》〈魏策〉注：「昔者三苗之居，左彭蠡之波，右洞庭之水，文山在其南，而衡山在其北。」[141]《史記》〈吳起列傳〉：「昔三苗氏，左洞庭，右彭蠡。」[142]《史記》〈五帝本紀〉《正義》曰：「洞庭，湖名，在岳州巴陵西南一里，南與青草湖連。彭蠡，湖名，在江州潯陽縣東南五十二里。以天子在北，故洞庭在西為左，彭蠡在東為右。今江州、鄂州、嶽州，三苗之地也。」[143]

郭璞《山海經》注：「昔堯以天下讓舜，三苗之君非之，帝殺之，有苗之民叛入南海，為三苗國。」[144]

三苗在南方的地區，兩周為荊蠻之地，兩漢為武陵蠻等諸蠻的所在。武陵即今湖南常德，傍洞庭湖西南。武陵蠻傳說中的祖先是槃瓠。

《後漢書》〈南蠻傳〉注引干寶《晉記》：「武陵、長沙、廬江郡夷，槃瓠之後也，雜處五溪之內」，「憑山阻險，每嘗為害，揉雜魚肉，叩槽而號，以祭槃瓠。」槃瓠的來源充滿了神奇的色彩。《魏略》：「高辛氏（帝嚳）有老婦居王室，得耳疾，挑之乃得物，大如繭，婦人盛瓠中，複之以槃，俄傾化為犬，其文五色，因名槃瓠。」《後漢書》〈南蠻傳〉又載：「昔高辛氏有犬戎之寇，帝患其侵暴，而征伐不克。乃訪募天下，有能得犬戎之將吳將軍頭者，購黃金千鎰，邑萬家，又妻以少女。時帝有畜狗，其毛五采，名曰槃瓠。下令之後，槃瓠遂銜人頭造闕下，群臣怪而診之，乃吳將軍首也。帝大喜，而計槃瓠不可妻之以女，又無封爵之道，議欲有報而未知所宜。女聞之，以為帝皇下令，不可違信，因請行。帝不得已，乃以女配槃瓠。槃瓠得女，負而走入南山，止石室中。所處險絕，人跡不至。於是女

---

141 諸祖耿編纂：《戰國策集注匯考》（南京市：鳳凰出版社，2008年），頁1143。

142 〔漢〕司馬遷，顧頡剛整理：《史記》，頁2166。

143 〔漢〕司馬遷，顧頡剛整理：《史記》，頁28-29。

144 袁珂校注：《山海經校注》，頁193。

解去衣裳，為僕鑒之結，著獨力之衣。帝悲思之，遣使尋求，輒遇風雨震晦，使者不得進。經三年，生子一十二人，六男六女。槃瓠死後，因自相夫妻。織績木皮，染以草實，好五色衣服。制裁皆有尾形。其母後歸，以狀白帝，於是使迎致諸子。衣裳班蘭，語言侏離，好入山壑，不樂平曠。帝順其意，賜以名山廣澤。其後滋蔓，號曰蠻夷。外癡內黠，安土重舊。以先父有功，母帝之女，田作賈販，無關梁符傳、租稅之賦。有邑君長，皆賜印綬，冠用獺皮。名渠帥曰精夫，相呼為姎徒。今長沙武陵蠻是也。」[145]

《魏略》〈西戎傳〉稱氐人為槃瓠之後，黃烈認為「青氐、白氐等是漢人就其服色對氐人的稱呼，氐人喜歡穿青、絳等色衣服是見之於《魏略》的，把青氐解釋成清水氐似乎牽強。蚺氐可能與冉驪有關。漢人就其服色區分的稱號，不能看作氐人自身的種姓區分。稱槃瓠之後顯然與氐人自己祖先的傳說有關，應該是可信的。」[146]

黃烈：「武陵蠻與氐有著同祖的傳說，這絕不是巧合，聯繫他們的紐帶是古老的三苗，而三苗於氐有著族屬上的關係，從武陵蠻那裡也得到了有力的旁證。三苗雖然不是氐人的唯一來源，但族屬淵源的線索是值得重視的。」[147]

那麼由上述討論看來，先秦兩漢時期的史料及後世的出土材料實際上可以指出有關氐與羌之關係，我們可以推論：

1　先秦時期並沒有一個族源清楚、族屬明確的氐族。在先秦時期的文獻記載中，氐羌往往連稱，這裡的「氐」一般作地名講，氐羌實際上是氐地之羌。

2　在漫長的歷史時期中，早期的羌人部族不斷有東遷的記錄，

---

145 〔宋〕范曄撰，〔唐〕李賢等注：《後漢書》，頁2829-2830。
146 黃烈：〈有關氐族來源和形成的一些問題〉，《歷史研究》1965年第2期，頁113。
147 黃烈：〈有關氐族來源和形成的一些問題〉，《歷史研究》1965年第2期，頁113。

氐地之羌也隨著政權變更、分封移徙等因素屢遷，所遷徙的新地仍以
「氐」稱，這是部分「氐」地的由來。

　　3　氐成為與羌並列比鄰的大族是在戰國秦漢時期，居於中原地
區的氐羌各部或因同化而失載，居住在天水地區的氐羌部眾南遷西南
地區而形成了氐族。這些氐族方國來源於羌，仍然保留了一些羌屬部
族的名稱及習俗。

餘論

　　著眼於整個羌族史，我們可以發現，有文字記載以來的羌史可分為早期羌史與兩漢時期及後世羌史兩個部分。這種現象成因在於諸如〈西羌傳〉等羌史早期材料記述的不完備，是在新出土材料與後世記載尚有較人缺環的情況下產生的。因此重視早期羌史，著眼於討論早期羌史與兩漢及後世羌人族群的關聯與區別是十分重要的。

　　羌人族群的歷史極為古老，羌史分期問題是羌史研究的基礎問題。黃烈先生將羌史分為古羌、東羌、西羌、後秦幾個階段進行論述，這是對羌史分期的一個重要認識。從羌史的認識以及發展階段來看，羌史研究的第一時期為古代羌史，即尚未有文字記載的羌人族群時期，這一分期的研究有賴於新的考古學成果；第二時期為早期羌史時期，我們可借由甲骨卜辭材料、出土銅器銘文以及傳世文獻的早期記載去探討；第三時期為兩漢西羌時期，這一時期居處於中原地區的東羌族群已經與中原民族相融合，金城、河湟一帶的西羌族群活躍於史料中；第四時期為魏晉及後世的羌史，這些羌人族群與早期羌史面貌已經有較大的分別，與後世羌族存在著直接關聯。

　　羌史研究中另外一個重要問題是羌人族群的起源和早期遷徙問題，這一問題目前無法從文字資料中獲取，只能依賴於新出土的考古學成果。從目前被判定為羌人族群的遺址中來看，分布於青海西部、甘肅東部的辛店、卡約、寺窪等考古學文化都被認為與西羌族群有關。特別是在甘肅臨洮寺窪文化中，除去隨葬的山羊角之後，還發現有收藏骨灰的陶罐。這與卜辭「羌」字人戴羊角之形與羌人火葬葬俗

直接相關。在四川地區，包括汶川姜維城、理縣佳山寨、茂縣牟托等地都有重要的考古發現，表明早在新石器時代，這裡就存在著較為發達的農耕文明遺存。早期羌人遺存的「滿天星斗」式分布既為我們提供了古羌族的諸多材料，也昭示羌人族群的起源問題仍然需要繼續探索。根據現有的材料來看，在整個先秦時期羌人族群的分布十分廣泛，除去分布最廣的甘青藏、河西地區，遠在新疆地區也有羌人族群活動，翦伯贊先生就曾撰文稱甘肅沙井遺址即為早期羌人族群西徙塔里木盆地途中的寄頓之所，因此在新疆地區廣泛分布有以羌為名的族群國家。[1]基於此，學術界對早期羌人族群的遷徙也提出了數種不同的假說。〈西羌傳〉中記述「西羌之本，出自三苗」，有學者提出羌人原居長江中游地區，隨後逐漸向北方、西北地方逐漸遷徙的「自東向西」遷徙說。[2]與之相對，依照我國西北地方廣泛分布的羌人文化遺存及傳統「西羌」觀點，更多學者持有羌人始居於甘青地區，隨後西徙新疆地區、南徙洮岷地區，並在歷史時期分批進入中原，形成羌人遷徙的「自西向東（南）」說。[3]基於四川地區存在的早期羌人文化遺存，亦有學者提出羌人遷徙「自南向北」說。[4]

羌人族群在較早的歷史時期就已經進入到中原地區，部分族群分支可能已經呈現出早期國家的制度化形態。在商周時期，與中原王朝活動密切的居住於東部地區的早期羌人族群，已經深入參與到早期國家的發展進程中。這些居住於東方的羌人在較長的歷史時期中與商周王朝結姻、戰爭、商業貿易，遠在周人北國、東國地區都能見到羌人

---

1 翦伯贊：〈史前羌族與塔里木盆地諸種族的關係〉，《翦伯贊全集》（第三卷），（石家莊：河北教育出版社，2008年），頁130。

2 劉夏蓓：〈兩漢前羌族遷徙論〉，《民族研究》2002年第2期，頁39-43。

3 史文：〈古羌人的起源及其遷徙〉，《民族論壇》1987年第2期，頁24-25。

4 四川省少數民族社會歷史調查組：〈四川討論羌族歷史的有關問題〉，《中國民族》1962年第3期，頁36-37。

族群的蹤跡。在春秋戰國時期，仍活躍於今寧夏、陝西地區，建立義渠等強大古國。經歷漫長的民族融合後，這些羌人族群漸已融入華夏諸族，故不再以羌為名。至秦漢時期，餘部更為西徙、南徙，與居留在西部地區的羌人部族相融合。經過民族遷徙和流轉，漸與後世羌族軌跡相合。重視商周時期羌史的去碎片化研究，不局限於「西羌」這種傳統觀念，將對「東羌」族群的研究變為串聯早期羌史諸多史料的鑰匙。我們借由「早期羌史」這一概念，希望嘗試消弭羌史材料中的碎片化現象，能夠對早期羌人族群歷史研究的系統化邁出一步。

　　這本小書其實正是涉及了「早期羌史」這一概念的兩個小問題：第一個問題是有關「東羌」這一族群在先秦時期的族源追溯，這既包括了對相關考古學文化屬性的辨析，也包含了對文獻中活動於我國東部地區羌人史料的探索和解讀；本書考慮的第二個問題是對先秦史料中「氐族」的辨疑，越來越多的材料可以表明至少在我國先秦時期，並不存在著一個與夷、夏、羌等族群並立的氐族，古文獻中記載的「氐羌」也只是早期羌人的別稱或早期羌人的某個分支族群，與我們兩漢魏晉以來史料中所習稱為「氐」的民族完全不能等而視之。

　　這本小書的完成與其說解決這兩個問題，毋寧說在對這個兩個問題進行思考的過程中又產生了不少新的問題。甘青地區的石棺墓的年代要早於川西地區的石棺墓，這從側面證明了學術界中關於羌人南遷的觀點，但是這一遷徙進程是從什麼時候開始的呢？有證據表明，早在新石器時代西北甘青地區的羌人就有南遷的痕跡，而這一進程在三代乃至於秦漢兩朝時仍未停止，南下的羌人與蜀、巴諸文化的關係又應如何正確的認識；西羌東遷，是學術界的共識，因為不僅有相關考古學佐證也有史書記載等文獻學的證據，東遷的羌人在商周國家的制度建設中發揮了怎樣的作用和價值，本書有所涉及但仍未深入。凡此種種，都是值得反復思量和考察的，早期羌史諸問題應在先秦史研

究中取得一席地位。本書僅就其中幾個小問題，不揣淺陋，以就正於
方家。

本書所引用青銅器著錄簡稱表

癡盦：《癡盦藏金》

故宮：《故宮》（期刊，故宮博物院編，1929-1940年，共出刊45期）

國史金：《國史金石志稿》

彙編：《中日歐美澳紐所見所拓所摹金文彙編》

積古：《積古齋鐘鼎彝器款識》

集成：《殷周金文集成》

攟古：《攟古錄金文》

愙齋：《愙齋集古錄》

錄遺：《商周金文錄遺》

美集：《美帝國主義劫掠的我國殷周青銅器集錄》

夢郭：《夢郭草堂吉金圖》

銘圖：《商周青銅器銘文暨圖像集成》

銘續：《商周青銅器銘文暨圖像集成續編》

三代：《三代吉金文存》

三代補：《三代吉金文存補》

商禮：《故宮商代青銅禮器圖錄》

陶齋：《陶齋吉金錄》

西清：《西清古鑒》

小校：《小校經閣金文》

新收：《新收殷周青銅器銘文暨器影彙編》

續殷：《續殷文存》

殷存：《殷文存》

郁華閣：《郁華閣金文》

貞補：《貞松堂集古遺文補遺》

綴遺：《綴遺齋彝器考釋》

總集：《金文總集》

參考文獻

一 古籍及相關注本

〔漢〕司馬遷撰，顧頡剛整理 《史記》 北京市 中華書局 1959年

〔漢〕班固 《漢書》 北京市 中華書局 1962年

〔漢〕張湛注 《列子》 國學整理社《諸子集成》 北京市 中華書局 1986年

〔漢〕高誘注 《呂氏春秋》 國學整理社《諸子集成》 北京市 中華書局 1986年

〔漢〕許慎撰，〔宋〕徐鉉楊校定 《說文解字》 北京市 中華書局 1963年

〔宋〕范曄撰，〔唐〕李賢等注 《後漢書》 北京市 中華書局 1965年

〔晉〕杜預注，〔唐〕孔穎達正義 《春秋左傳正義》 阮元刻《十三經注疏》 上海市 上海古籍出版社 1997年

〔晉〕陳壽撰，〔宋〕裴松之注 《三國志》 北京市 中華書局 1971年

〔晉〕常璩撰，劉琳校注 《華陽國志校注》 成都市 巴蜀書社 1984年

〔晉〕郭璞注 《穆天子傳》 長沙市 嶽麓書社 1992年

〔北魏〕酈道元著，陳橋驛校證 《水經注校證》 北京市 中華書局 2007年

〔梁〕蕭統編，〔唐〕李善注　《文選》　北京市　中華書局　1977年

〔唐〕杜佑撰，王文錦、王永興、劉俊文、徐庭雲、謝方點校　《通典》　北京市　中華書局　1998年

〔後晉〕劉昫等　《舊唐書》　北京市　中華書局　1975年。

〔宋〕李昉等　《太平御覽》　北京市　中華書局　2000年

〔宋〕司馬光　《資治通鑑》　北京市　中華書局　2011年。

〔宋〕羅泌　《路史》　四部備要本　上海市　中華書局　1936年

〔明〕楊慎　《山海經補注》　李勇先主編　《山海經穆天子傳集成》（第一冊）　上海市　上海交通大學出版社　2009年

〔清〕王聘珍，王文錦點校　《大戴禮記解詁》　北京市　中華書局　2004年

〔清〕郝懿行箋疏　《山海經箋疏》　北京市　中華書局　2019年

〔清〕段玉裁撰，許惟賢整理　《說文解字注》　南京市　鳳凰出版社　2007年

〔清〕王先謙注　《荀子》　國學整理社《諸子集成》　北京市　中華書局　1986年

〔清〕王引之　《經義述聞》　南京市　江蘇古籍出版社　2000年

〔清〕吳任臣　《山海經廣注》　早稻田大學圖書館藏本

方詩銘、王修齡　《古本竹書紀年輯證》　上海市　上海古籍出版社　1981年

王國維疏證，黃永年校點　《今本竹書紀年疏證》　瀋陽市　遼寧教育出版社　1997年

何寧撰　《淮南子集釋》　北京市　中華書局　1998年

吳毓江撰，孫啟治點校　《墨子校注》　北京市　中華書局　1993年

李學勤主編，浦衛忠、龔抗雲、於振波整理，胡遂、陳詠明、楊向奎審定　《春秋左傳正義》　北京市　北京大學出版社　1999年

袁珂校注　《山海經校注》　上海市　上海古籍出版社　1980年

黃懷信、孔德立、周海生　《大戴禮記匯校集注》　西安市　三秦出
　　　版社　2005年
黃懷信、張懋鎔、田旭東撰　《逸周書匯校集注》　上海市　上海古
　　　籍出版社　2007年
黃懷信整理　《尚書正義》　上海市　上海古籍出版社　2007年
楊守敬、熊會貞撰　《水經注疏》　南京市　江蘇古籍出版社　1989年
楊伯峻　《春秋左傳注》　北京市　中華書局　2005年
諸祖耿編纂　《戰國策集注匯考》　南京市　鳳凰出版社　2008年
龔抗雲、李傳書、胡漸逵‧肖永明‧夏先培整理，劉家和審定　《毛
　　　詩正義》　北京市　北京大學出版社　2000年

二　專著、合集、報告集、工具書

《中國大百科全書》總編委會　《中國大百科全書（第二版）》第10
　　　冊　北京市　中國大百科全書出版社　2009年
〔清〕吳大澂著　《愙齋集古錄》　民國七年涵芬樓影印本
〔清〕吳式芬撰　《攈古錄金文》　光緒二十一年（1895）吳氏家刻本
〔清〕阮元編錄　《積古齋鐘鼎彝器款識》　嘉慶九年（1804）阮氏
　　　刻本
〔清〕乾隆十四年敕編　《西清古鑒》　上海市　上海古籍出版社
　　　1991年
〔清〕端方著　《陶齋吉金錄》八卷　宣統元年石印本
〔澳〕巴納、張光裕編　《中日歐美澳紐所見所拓所摹金文彙編》
　　　北京市　中國書報出版社　1978年
于省吾編　《商周金文錄遺》　北京市　科學出版社　1957年
山西省考古研究所　《靈石旌介商墓》　北京市　科學出版社　2006年

中國社會科學院考古研究所　《中國考古學‧兩周卷》　北京市　中
　　　國社會科學出版社　2003年

中國社會科學院考古研究所　《中國考古學‧夏商卷》　北京市　中
　　　國社會科學出版社　2004年

中國社會科學院考古研究所　《中國考古學中碳十四年代資料集
　　　（1965-1991）》　北京市　文物出版社　1991年

中國社會科學院考古研究所　《師趙村與西山坪》　北京市　中國大
　　　百科全書出版社　1999年

中國社會科學院考古研究所　《新中國的考古發現和研究》　北京市
　　　文物出版社　1984年

中國社會科學院考古研究所編　《殷周金文集成（修訂增補本）》
　　　北京市　中華書局　2007年

中國科學院考古研究所　《灃西發掘報告》　北京市　文物出版社
　　　1963年

中國科學院考古研究所編　《美帝國主義劫掠的我國殷周青銅器集
　　　錄》　北京市　科學出版社　1963年

中國歷史大辭典編纂委員會　《中國歷史大辭典》　上海市　上海辭
　　　書出版社　2000年

中華文化通志編委會編　《中華文化通志‧宗教與民俗典‧喪葬陵墓
　　　志》　上海市　上海人民出版社　1998年

井中偉　《夏商周考古學》　北京市　科學出版社　2013年

方浚益編　《綴遺齋彝器考釋》三十卷民國二十四年（1935年）涵芬
　　　樓石印本。

王　暉　《商周文化比較研究》　北京市　中華書局　2000年

王辰編　《續殷文存》二卷　考古學社　1935年

王獻唐著，王文耀整理校訂　《國史金石志稿》　青島市　青島出版
　　　社　2004年

冉光榮、李紹明、周錫銀　《羌族史》　成都市　四川民族出版社　1984年

北京市文物研究所　《琉璃河西周燕國墓地（1973-1977）》　北京市　文物出版社　1995年

史為樂、鄧自欣、朱玲玲　《歷史地名大辭典（增訂本）》　北京市　中國社會出版社　2017年

甘肅省文物考古研究所　《永昌西崗柴灣崗：沙井文化墓葬發掘報告》　蘭州市　甘肅人民出版社　2001年

甘肅省文物考古研究所、吉林大學北方考古研究室　《民樂東灰山考古──四壩文化墓地的揭示與研究》　北京市　科學出版社　1998年

任乃強　《羌族源流探索》　重慶市　重慶出版社　1984年

吳鎮烽　《商周青銅器銘文暨圖像集成》　上海市　上海古籍出版社　2012年

吳鎮烽　《商周青銅器銘文暨圖像集成續編》　上海市　上海古籍出版社　2016年

李　峰　《西周的政體──中國早期的官僚制度和國家》　北京市　生活・讀書・新知三聯書店　2010年

李泰棻編　《癡盫藏金》一冊　1941年

李健勝、武剛　《早期羌史研究》　北京市　人民出版社　2014年

李學勤　《殷代地理簡論》　北京市　科學出版社　1959年

周法高編　《三代吉金文存補》一冊　臺北市　台聯國風出版社　1980年

青海省文物局考古研究所等　《民和核桃莊》　北京市　科學出版社　2004年

青海省文物處、青海省考古研究所　《青海文物》　北京市　文物出版社　1994年

青海省文物管理處考古隊等 《青海柳灣》 北京市 文物出版社
　　1984年

青海省地方誌編纂委員會 《青海省志・文物志》 西寧市 青海人
　　民出版社 2001年

唐　蘭 《西周青銅器銘文分代史徵》 北京市 中華書局 1986年

孫亞冰、林歡 《商代地理與方國》 北京市 中國社會科學出版社
　　2010年

徐旭生 《中國古史上的傳說時代（增訂本）》 北京市 文物出版
　　社 1985年

袁　珂 《中國神話傳說詞典》 上海市 上海辭書出版社 1985年

馬長壽 《氐與羌》 上海市 上海人民出版社 1984年

盛昱編 《郁華閣金文》 《金文文獻集成》 北京市 線裝書局
　　2005年

郭沫若 《兩周金文辭大系圖錄考釋》（二） 北京市 科學出版社
　　2002年

陳夢家 《西周銅器斷代》 北京市 中華書局 2004年

陳夢家 《殷虛卜辭綜述》 北京市 中華書局 1988年

傅斯年 《民族與古代國史》 上海市 上海人民出版社 2014年

彭裕商 《西周青銅器年代綜合研究》 成都市 巴蜀書社 2003年

黃　烈 《中國古代民族史研究》 北京市 人民出版社 1987年

楊　銘 《氐族史》 北京市 商務印書館 2014年

楊建新 《中國西北少數民族史》 銀川市 寧夏人民出版社 1988年

裘錫圭 《裘錫圭學術文集》第五卷 上海市 復旦大學出版社
　　2012年

臺北故宮博物院編輯委員會編 《故宮商代青銅禮器圖錄》 臺北市
　　臺北故宮博物院出版 1998年

劉體智編　《小校經閣金文拓本》　北京市　中華書局　2016年

鄭傑祥　《商代地理概論》　鄭州市　中州古籍出版社　1994年

盧連成、胡智生　《寶雞強國墓地》　北京市　文物出版社　1988年

錢　穆　《史記地名考》　北京市　商務印書館　2004年

鍾柏生　《殷商卜辭地理論叢》　北京市　藝文印書館　1989年

鍾柏生、陳昭容、黃銘崇、袁國華編　《新收殷周青銅器銘文暨器影
　　　彙編》　臺北市　臺灣藝文印書館　2006年

羅振玉撰集　《貞松堂集古遺文補遺》三卷　1931年原刻本

羅振玉編　《三代古金文存》　北京市　中華書局　1983年

羅振玉編　《殷文存》二卷　倉聖明智大學版

羅振玉輯　《夢郭草堂吉金圖》三卷　民國六年（1917年）影印本

嚴一萍編　《金文總集》　臺北市　臺灣藝文印書館　1983年

顧頡剛　《史林雜識初編》　北京市　中華書局　1963年

三　論文

〔日〕飯島武次　〈先周文化の陶器研究──劉家遺跡〉　日本《考
　　　古學雜誌》第74卷第1號1988年

于省吾　〈略論西周金文中的「六𠂤」「八𠂤」及其屯田制〉　《考
　　　古》1964年第3期

于省吾　〈釋羌、筍、敬、美〉　《吉林大學社會科學學報》1963年
　　　第1期

山西省考古研究所、靈石縣文化局　〈山西靈石旌介村商墓〉《文
　　　物〉1986年第11期

中國社科院考古研究所　〈1969-1977年殷墟西區墓葬發掘報告〉
　　　《考古學報》1979年1期，84頁

中國社會科學院考古研究所甘青工作隊　〈甘肅武山傅家門史前文化
　　遺址發掘簡報〉　《考古》1995年第4期

中國社會科學院考古研究所甘肅工作隊　〈甘肅永靖張家嘴與姬家川
　　遺址的發掘〉　《考古學報》1980年第2期

中國社會科學院考古研究所甘肅工作隊　〈甘肅永靖蓮花臺辛店文化
　　遺址〉　《考古》1980年第4期

中國社會科學院考古研究所涇渭工作隊　〈甘肅莊浪縣徐家碾寺窪文
　　化墓葬發掘紀要〉　《考古》1982年第6期

中國社會科學院考古研究所等　〈青海民和喇家史前遺址的發掘〉
　　《考古》2002年第7期

中國社會科學院考古研究所等　〈青海民和縣喇家遺址2000年發掘簡
　　報〉　《考古》2002年第12期

中國社會科學院考古研究所實驗室　〈放射性碳素測定年代報告
　　（七）〉　《考古》1980年第4期

中國科學院考古研究所甘肅工作隊　〈甘肅永靖大何莊遺址發掘報
　　告〉　《考古學報》1974年第2期

中國科學院考古研究所甘肅工作隊　〈甘肅永靖秦魏家齊家文化墓
　　地〉　《考古學報》1975年第2期

內蒙古文物考古研究所　〈內蒙古朱開溝遺址〉　《考古學報》1988
　　年第3期

尹盛平　〈新出太保銅器銘文及周初分封諸侯授民問題〉　《周文化
　　考古研究論集》　北京市　文物出版社　2012年

木　易　〈東北先秦火葬習俗試析〉　《北方文物》1991年第1期

毛瑞林　〈黃河上游的早期青銅文明臨潭磨溝遺址齊家文化墓地〉
　　《大眾考古》2013年第5期

水　濤　〈關於寺窪文化研究的幾個問題〉　《中國西北地區青銅時
　　代考古論集》　北京市　科學出版社　2001年

水濤、張學正、韓翀飛 〈辛店文化研究〉 《考古學文化論集（三）》 北京市 文物出版社 1993年

牛世山 〈關於劉家墓地的幾個問題〉 《中原文物》1997年第4期

王 暉 〈西周春秋「還（縣）」制性質研究——從「縣」的本義說到一種久被誤解的政區組織〉 《史學集刊》2017年第1期

王 輝 〈周畿內地名小記〉 《考古與文物》1985年第3期

王明輝、朱泓 〈民和核桃莊史前文化墓地人骨研究〉 《民和核桃莊》附錄 北京市 科學出版社 2004年

王冠英 〈任鼎銘文考釋〉 《中國歷史文物》2004年第2期

王國道 〈西寧市沈那齊家文化遺址〉 《中國考古學年鑒（1993）》 北京市 文物出版社 1995年

王慎行 〈卜辭所見羌人考〉 《中原文物》1991年第1期

王龍正 〈匍盉銘文補釋並再論覜聘禮〉 《考古學報》2007年第4期

王龍正、姜濤、婁金山 〈匍鴨銅盉與覜聘禮〉 《文物》1998年第4期

王顥、劉棟、辛怡華 〈石鼓山西周墓葬的初步研究〉 《文物》2013年第2期

北京大學考古系、甘肅省文物考古研究所 〈甘肅合水九站遺址發掘報告〉 《考古學研究（三）》 北京市 科學出版社 1997年

北京市文物工作隊 〈北京市房山縣考古調查簡報〉 《考古》1963年第3期

史 文 〈古羌人的起源及其遷徙〉 《民族論壇》1987年第2期

四川省少數民族社會歷史調查組 〈四川討論羌族歷史的有關問題〉 《中國民族》1962年第3期

甘肅岷縣文化館 〈甘肅岷縣杏林齊家文化遺址調查〉 《考古》1985年第11期。

甘肅省文物工作隊、北京大學考古系甘肅實習組　〈甘肅臨夏蓮花臺
　　　辛店文化墓葬發掘報告〉　《文物》1988年第3期
甘肅省文物工作隊、北京大學考古學系、西和縣文化館　〈甘肅西和
　　　欄橋寺窪文化墓葬〉　《考古》1987年第8期
甘肅省文物考古研究所　〈永昌三角城與蛤蟆墩沙井文化遺存〉
　　　《考古學報》1990年第2期
甘肅省文物考古研究所、北京大學考古文博學院編著　《河西走廊史
　　　前考古調查報告》　北京市　文物出版社　2011年
甘肅省文物考古研究所、西北大學文化遺產與考古學研究中心　〈甘
　　　肅臨潭磨溝齊家文化墓地發掘簡報〉《文物》2019年第10期
甘肅省文物管理委員會　〈甘肅渭河上游渭源、隴西、武山三縣考古
　　　調查〉　《考古通訊》1958年第7期
甘肅省文物管理委員會　〈甘肅臨洮、臨夏兩縣考古調查簡報〉
　　　《考古通訊》1958年第9期
甘肅省文物管理委員會　〈渭河上游天水、甘穀兩縣考古調查簡報〉
　　　《考古通訊》1958年第5期
甘肅省博物館　〈甘肅古文化遺存〉　《考古學報》1960年第2期。
甘肅省博物館　〈甘肅西漢水流域考古調查簡報〉　《考古》1959年
　　　第3期
甘肅省博物館　〈甘肅武威皇娘娘臺遺址發掘報告〉　《考古學報》
　　　1960年第2期
甘肅省博物館　〈甘肅省文物考古工作三十年〉　《文物考古工作三
　　　十年》　北京市　文物出版社　1979年
甘肅省博物館　〈黃河寺溝峽水庫新石器時代遺址調查簡報〉　《考
　　　古》1960年第3期
甘肅省博物館文物工作隊、武威地區展覽館　〈甘肅永昌三角城沙井
　　　文化遺址調查〉　《考古》1984年第7期

甘肅省博物館考古隊　〈甘肅靈臺橋村齊家文化遺址試掘簡報〉
　　　《考古與文物》1980年第3期

田毓章　〈甘肅臨夏發現齊家文化骨柄銅刃刀〉　《文物》1983年第
　　　1期

石鼓山考古隊　〈陝西省寶雞市石鼓山西周墓〉　《考古與文物》
　　　2013年1期

石鼓山考古隊　〈陝西寶雞石鼓山西周墓葬發掘簡報〉　《文物》
　　　2013年2期

石興邦　〈有關馬家窯文化的　些問題〉　《考古》1962年第6期

任步雲　〈甘肅秦安縣新石器時代居住遺址〉　《考古通訊》1958年
　　　第5期

安志敏　〈甘肅山丹四壩灘新石器時代遺址〉　《考古學報》1959年
　　　第3期

安志敏　〈甘肅遠古文化及其有關的幾個問題〉　《考古通訊》1956
　　　年第6期

安志敏　〈青海的古代文化〉　《考古》1959年第7期

安志敏　〈略論甘肅東鄉縣唐汪川的陶器〉　《考古學報》1957年第
　　　2期

安特生著，樂森璕譯　〈甘肅考古記〉　《地質專報》甲種　1925年
　　　第5號　農商部地質調查所印

何　新　〈揭開九歌十神之謎〉　《學習與探索》1987年第5期

何　新　《諸神的起源》　北京市　三聯書店　1986年

何斯強　〈雲南少數民族喪葬習俗及其文化內涵〉　《思想戰線》
　　　1998年第4期

吳　平　〈西寧市沈那遺址皞　《中國考古學年鑑（1994）》　北京
　　　市　文物出版社　1997年

吳汝祚　〈甘肅地區原始文化的概貌及其相互關係〉　《考古》1961
　　　　年第1期

李　峰　〈西周金文中的鄭地和鄭國東遷〉　《文物》2006年第9期

李永城　〈四壩文化研究〉　《考古學文化論集（三）》　北京市
　　　　文物出版社　1993年

李昆聲　〈從雲南考古材料看氐羌文化〉　《思想戰線》1988年第1期

李家浩　〈先秦文字中的「縣」〉　《文史》第28輯　北京市　中華
　　　　書局　1987年

李健勝　〈夷夏羌東中西說〉　《青藏高原論壇》2014年第4期

李紹明　〈關於羌族古代史的幾個問題〉　《歷史研究》　1963年

李複華、李紹明　〈論岷江上游石棺葬文化的分期與族屬〉　《四川
　　　　文物》1986年2期

李靜生　〈納西族喪葬文化的歷程〉　郭大烈編　《納西族研究論文
　　　　集》　北京市　民族出版社　1992年

沈仲常、李複華　〈關於「石棺葬文化」的幾個問題〉　《考古學會
　　　　第一次年會論文集》　文物出版1980年。

沈長雲　〈元氏銅器銘文補說──兼說邢國早期歷史的幾個問題〉
　　　　楊文山、翁振軍主編《邢臺歷史文化論叢》　石家莊市　河
　　　　北人民出版社

周慶明　〈卡約文化和寺窪文化的族屬問題兼論我國古羌人的起源〉
　　　　《中國歷史博物館館刊》1984年總第六期

周豔麗　《甘青地區新石器時代至青銅時代火葬墓研究》　西北師範
　　　　大學碩士學位論文　2018年

和正雅　〈從潘家梁墓地的發掘試談對卡約文化的認識〉　《青海考
　　　　古學會會刊》1981年第3期

尚志儒　〈鄭、棫林之故地及其源流探討〉　《古文字研究》第十三
　　　　輯　北京市　中華書局　1986年

林　沄　〈釋史牆盤銘文中的「逖虘髟」〉　《林沄學術文集》　北京市　中國大百科全書出版社

林名均　〈四川威州彩陶發現記〉　《說文月刊》第4卷　1944年

武剛、王暉　〈義渠東羌考〉　《陝西師範大學學報（哲學社會科學版）》2013年第6期

河北省文物管理處　〈河北元氏縣西張村的西周遺址和墓葬〉　《考古》1979年第1期

長江流域規劃辦公室考古隊甘肅分隊　〈白龍河流域考古調查簡報〉　《文物資料叢刊》2　北京市　文物出版社　1978年

青海省文物考古研究所、西北大學歷史系考古專業、化隆縣文管所　〈青海化隆縣半主窪卡約文化墓葬發掘簡報〉　《考古》1996年第8期

青海省文物考古研究所：〈青海省大通縣黃家寨墓地發掘報告〉　《考古》1994年第3期

青海省文物考古隊　〈青海互助土族自治縣總寨馬廠、齊家、辛店文化墓葬〉　《考古》1986年第4期

青海省文物管理處　〈青海民和核桃莊山家頭墓地清理簡報〉　《文物》1992年第11期

青海省文物管理處　〈青海省民和核桃莊小旱地墓地發掘簡報〉　《考古與文物》1995年第2期

青海省考古研究所　〈青海循化蘇呼撒墓地〉　《考古學報》1994年第4期

青海省湟源縣博物館、青海省文物考古隊、青海省社會科學院歷史研究室　〈青海湟源縣大華中莊卡約文化墓地發掘簡報〉　《考古與文物》1985年第5期

青海省湟源縣博物館等　〈青海省湟源縣大華中莊卡約文化墓地發掘簡報〉　《考古與文物》1985年第5期

俞偉超　〈古代「西戎」和「羌」、「胡」考古學文化歸屬問題的探
　　　　討〉　《先秦兩漢考古學論集》　北京市　文物出版社
　　　　1985年

俞偉超　〈關於「卡約文化」和「唐汪文化」的新認識〉　《先秦兩
　　　　漢考古論集》　北京市　文物出版社　1985年

俞偉超　〈關於卡約文化和辛店文化的新認識〉　《中亞學刊》1983
　　　　年第1期

段　渝　〈先秦川西高原的氐與羌〉　《阿壩師範高等專科學校學
　　　　報》　2007年3月第1期

胡昭曦　〈論漢晉時的氐羌和隋唐以後的羌族〉　《歷史研究》1963
　　　　年第2期

胡謙盈　〈試論先周文化及其相關問題〉　《中國考古學研究（二）》
　　　　北京市　科學出版社　1986年

胡謙盈　〈試論齊家文化的不同類型及其源流〉　《考古與文物》
　　　　1980年第3期

唐　蘭　〈用銅器銘文來研究西周史〉　《文物》1976年第6期

夏　鼐　〈齊家期墓葬的新發現及其年代的改訂〉　《中國考古學
　　　　報》第三冊1948年

夏　鼐　〈臨洮寺窪山發掘記〉　《考古學論文集》　北京市　科學
　　　　出版社　1961年

孫　華　〈關中商代諸遺址的新認識──壹家堡遺址發掘的意義〉
　　　　《考古》1993年第5期

孫淑雲、韓汝玢　〈甘肅早期銅器的發現與冶煉、製造技術的研究〉
　　　　《文物》1997年第7期

徐永傑　〈河湟青銅文化的譜系〉　《考古學文化論集》（三）　北
　　　　京市　文物出版社　1993年

徐建煒、梅建軍等　〈青海同德宗日遺址出土銅器的初步科學分析〉
　　《西域研究》2010年第2期

徐學書　〈試論岷江上游「石棺葬」的源流〉　《四川文物》1987年
　　第2期

琉璃河考古隊　〈1981-1983年琉璃河西周燕國墓地發掘簡報〉　《考
　　古》1984年第5期

琉璃河考古隊　〈1995年琉璃河周代居址發掘簡報〉　《文物》1996
　　年第6期

琉璃河考古隊　〈1995年琉璃河遺址墓葬區發掘簡報〉　《文物》
　　1996年第6期

琉璃河考古隊　〈1997年琉璃河遺址墓葬發掘簡報〉　《文物》2000
　　年第11期

琉璃河考古隊　〈北京市琉璃河1193號大墓發掘簡報〉　《考古》
　　1990年第1期

琉璃河考古隊　〈北京附近發現的西周奴隸殉葬墓〉　《考古》1974
　　年第5期

琉璃河考古隊　〈琉璃河遺址1996年度發掘簡報〉　《文物》1997年
　　第6期

陝西周原考古隊　〈扶風劉家姜戎墓葬發掘簡報〉　《文物》1984年
　　第7期

馬　寧　〈羌族火葬習俗探析〉　《阿壩師範高等專科學校學報》
　　2005年第22卷第1期

高東陸　〈略論卡約文化〉　《考古學文化論集（三）》　北京市
　　文物出版社　1993年

高東陸、許淑珍　〈青海湟源莫布拉卡約文化遺存發掘簡報〉　《考
　　古》1990年第11期

常　倩　《商周至魏晉南北朝羌人問題研究》　華東師範大學博士學位論文　2011年

張　亮　〈匍盉銘文再考〉　《中原文物》2013年第4期

張天恩　〈殷墟卜辭所記「羌方」的考古學文化考察〉　《黃盛璋先生八秩壽誕紀念文集》　北京市　中國教育文化出版社2005年

張天恩　〈高領袋足鬲研究〉　《文物》1989年第6期

張天恩　《關中商代文化研究》　北京市　文物出版社　2004年

張亞初　〈太保罍、盉銘文的再探討〉　《考古》1993年第1期

張忠培　〈齊家文化研究（下）〉　《考古學報》1987年第2期

張家琦　〈試論西周胡國的族源（續）〉　《安徽史學》1993年第3期

張懋鎔、王勇　〈「王太后右和室」銅鼎考略〉　《考古與文物》1994年第3期

梁曉英、劉茂德　〈武威新石器時代晚期玉石器遺址〉　《中國文物報》1993年5月30日

許新國　〈循化阿哈特拉山卡約文化墓地初探〉　《青海社會科學》1983年第5期

許新國　〈試論卡約文化的類型與分期〉　《青海文物》創刊號1988年

許新國、桑格本　〈卡約文化阿哈特拉類型初探〉　《青海考古學會會刊・3》1981年

郭沫若　〈矢簋銘考釋〉　《考古學報》1956年第1期

陳　東　〈彝族、納西族「火葬氐羌說」質疑〉　《四川大學學報（哲學社會科學版）》2004年增刊

陳世鵬　〈彝族火葬文化管窺〉　《貴州民族研究》1989年第4期

陳昌遠、王琳　〈「匍鴨銅盉」應為「匍雁銅盉」新釋〉　《河南大學學報（社會科學版）》1999年第4期。

陳洪海　〈甘青地區史前時期的墓葬〉（2017年8月6日，http://www.
　　　　kaogu.cn/cn/xueshudongtai/xueshudongtai/xueshudongtai/2017/
　　　　0806/59158.html，2017年9月13日）

陳恩林　〈魯齊燕的始封及燕與郾的關係〉　《歷史研究》1996年第
　　　　4期

陳琳國　〈東羌與西羌辨析〉　《史學月刊》2008年第4期

喬今同　〈平涼縣發現石器時代遺址〉　《文物參考資料》1956年第
　　　　12期

程長新　〈北京市順義縣牛欄山出土　組周初帶銘青銅器〉　《文
　　　　物》1983年第11期

程曉鐘　—甘肅省莊浪縣出土的高領袋足鬲〉　《華夏考古》1996年
　　　　第2期

童恩正　〈古代的巴蜀〉　《四川大學學報》1977年第2期

童恩正　〈四川西北地方石棺葬族屬試探——附談有關古代氐族的幾
　　　　個問題〉　《思想戰線》1978年1期

童恩正、龔廷萬　〈從四川兩件銅戈上的銘文看秦滅巴蜀後統一文字
　　　　的進步措施〉　《文物》1976年第7期

馮漢驥　〈岷江上游的石棺葬文化〉　成都《工商導報》　1951年5月
　　　　20日

馮漢驥、童恩正　〈岷江上游的石棺葬〉　《考古學報》1973年第2期

黃　烈　〈有關氐族來源和形成的一些問題〉　《歷史研究》1965年
　　　　第2期

黃河水庫考古隊甘肅分隊　〈甘肅永靖縣張家嘴遺址發掘簡報〉
　　　　《考古》1959年第4期

黃河水庫考古隊甘肅分隊　〈甘肅臨夏姬家川遺址發掘簡報〉　《考
　　　　古》1962年第2期

黃河水庫考古隊甘肅分隊　〈黃河上游鹽鍋峽與八盤峽考古調查記〉
　　　　《考古》1965年第7期
黃益飛　〈略論昔雞簋銘文〉　《中國國家博物館館刊》2018年第3期
楊　銘　〈從岷江上游的石棺葬說到「氐羌南遷」〉　袁曉文主編
　　　　《藏彝走廊東部邊緣族群互動與發展》　北京市　民族出版
　　　　社　2006年
楊甫旺、楊瓊英　〈彝族火葬文化初探〉　《雲南師範大學學報》
　　　　2000年第11期
董作賓　〈殷代的羌與蜀〉　《說文月刊》三卷　1942年第7期
裘錫圭　〈說殷墟卜辭的「奠」〉　《裘錫圭學術文集》第五卷
裘錫圭　〈說㦰簋的兩個地名──「㭘林」和「胡」〉　《裘錫圭學
　　　　術文集》第三卷　上海市　復旦大學出版社
鄒　衡　〈論先周文化〉　《夏商周考古學論文集》　北京市　文物
　　　　出版社　1980年
寧夏固原自治區博物館　〈寧夏固原海家灣齊家文化墓葬〉　《考
　　　　古》1973年第5期
寧篤學　〈民樂縣的二處四壩文化遺址〉　《文物》1960年第1期
蒙　默　〈試論古代巴、蜀民族及其與西南民族的關係〉　《貴州民
　　　　族研究》1984年第1期
蒙文通　〈略論〈山海經〉的寫作時代及其產生地域〉　載於《巴蜀
　　　　古史論述》　成都市　四川人民出版社　1981年
裴文中　〈中國西北甘肅河西走廊和青海地區的考古調查〉　《裴文
　　　　中史前考古學論文集》　北京市　文物出版社　1987年
裴文中　〈甘肅史前考古報告〉　《裴文中史前考古論文集》　北京
　　　　市　文物出版社　1987年
裴文中、米泰恒　〈甘肅史前考古報告初稿〉　油印本1948年

趙生琛　〈青海西寧發現卡約文化銅鬲〉　《考古》1985年第7期

趙龍、葛奇峰、黃錦前　〈開封市博物館收藏的幾件商周有銘青銅器〉　《中原文物》2011年5期

劉小何、劉杏改、高東陸　〈民和縣官亭、中川古代文化遺址調查〉　《青海考古學會刊》1982年第4期

劉夏蓓　〈兩漢前羌族遷徙論〉　《民族研究》2002年第2期

劉莉、劉明科　〈也談石鼓山西周 M3墓主及相關問題〉　《寶雞社會科學》2013年第2期

劉餘力、蔡運章　〈王太后左私室鼎銘考略〉　《文物》2006年第11期

劉龍初　〈納西族火葬習俗試析〉　《民族研究》1988年第5期

劉寶愛　〈寶雞發現辛店文化陶器〉　《考古》1985年第9期

翦伯贊　〈史前羌族與塔里木盆地諸種族的關係〉　《翦伯贊全集》（第三卷）　石家莊　河北教育出版社　2008年

蔡運章　〈胡國史跡初探——兼論胡與楚國的關係〉　《甲骨金文與古史研究》　鄭州市　中州古籍出版社　1993年

鄭德坤　《四川古代文化史》　華西大學博物館　1947年

黎明春　《羌族火葬的歷史研究》　四川師範大學科學碩士學位論文　2008年

盧連成　〈扶風劉家先周墓地剖析〉　《考古與文物》1985年第2期

盧連成　〈周都城鄭考〉　《古文字論集（一）》　《考古與文物叢刊》第2號　1983年

錢耀鵬、朱芸芸、毛瑞林　〈略論磨溝齊家文化墓地的多人多次合葬〉　《文物》2009年第10期

錢耀鵬、周靜等　〈甘肅臨潭磨溝齊家文化墓地發掘的收穫與意義〉　《西北大學學報》2009年第5期

謝端琚　〈略論辛店文化〉　《文物資料叢刊》9　北京市　文物出版社　1985年

謝端琚　〈試論齊家文化〉　《考古與文物》1981年第3期

謝端琚　〈試論齊家文化與陝西龍山文化的關係〉　《文物》1979年
　　　　第10期

謝端琚　〈論大何莊與秦魏齊家文化的分期〉　《考古》1980年第3期

謝端琚　《甘青地區史前考古》　北京市　文物出版社　2002年

韓集壽　〈甘肅景泰張家臺新石器時代的墓葬〉　《考古》1976年第
　　　　3期

韓嘉谷、紀烈敏　〈薊縣張家園遺址青銅文化遺存概述〉　《考古》
　　　　1993年4期

羅　琨　〈殷商時代的羌和羌方〉　《甲骨文與殷商史》第三輯　上
　　　　海市　上海古籍出版社　1991年

羅二虎　〈20世紀西南地區石棺葬發現研究的回顧與思考〉　《中華
　　　　文化論壇》2005年4期

羅世澤整理　〈羌戈大戰〉　載《木姐珠與鬥安珠》　成都市　四川
　　　　民族出版社　1983年

羅開玉　〈古代西南民族的火葬墓〉　《四川文物》1991年第3期。

嚴文明　〈甘肅彩陶的源流〉　《文物》1978年第10期

寶雞市考古工作隊　〈陝西寶雞市高家村遺址發掘簡報〉　《考古》
　　　　1998年第4期

寶雞市考古隊　〈寶雞市附近古遺址調查〉　《文物》1989年第6期

寶雞市考古隊　〈寶雞市紙坊頭遺址發掘簡報〉　《文物》1989年第
　　　　5期

鐘侃、張心智　〈寧夏西吉縣興隆鎮的齊家文化遺址〉　《考古》
　　　　1964年第5期

顧頡剛　〈九州之戎與戎禹〉　《禹貢》1937年第7卷第6-7期

顧頡剛　〈從古籍中探索我國的西部民族——羌族〉　《社會科學戰
　　　　線》1980年第1期

史學研究叢書・歷史文化叢刊 0602018

早期羌人居徙研究

作 者	武 剛	
責任編輯	官欣安	
特約校稿	龔家祺	
發 行 人	林慶彰	
總 經 理	梁錦興	
總 編 輯	張晏瑞	

編 輯 所 萬卷樓圖書股份有限公司
　臺北市羅斯福路二段 41 號 6 樓之 3
　電話 (02)23216565
　傳真 (02)23218698

發　　行 萬卷樓圖書股份有限公司
　臺北市羅斯福路二段 41 號 6 樓之 3
　電話 (02)23216565
　傳真 (02)23218698
　電郵 SERVICE@WANJUAN.COM.TW
香港經銷 香港聯合書刊物流有限公司
　電話 (852)21502100
　傳真 (852)23560735

ISBN 978-986-478-479-0
2021 年 8 月初版
定價：新臺幣 320 元

如何購買本書：

1. 劃撥購書，請透過以下郵政劃撥帳號：
　帳號：15624015
　戶名：萬卷樓圖書股份有限公司
2. 轉帳購書，請透過以下帳戶
　合作金庫銀行 古亭分行
　戶名：萬卷樓圖書股份有限公司
　帳號：0877717092596
3. 網路購書，請透過萬卷樓網站
　網址 WWW.WANJUAN.COM.TW

大量購書，請直接聯繫我們，將有專人為您服務。客服：(02)23216565 分機 610

如有缺頁、破損或裝訂錯誤，請寄回更換

國家圖書館出版品預行編目資料

早期羌人居徙研究/武剛著.-- 初版.-- 臺北市 ： 萬卷樓圖書股份有限公司, 2021.08
　面 ； 公分.-- (史學研究叢書. 歷史文化叢刊 ；602018)
ISBN 978-986-478-479-0(平裝)
1.羌族 2.民族史

536.2834　　　　　　　　110009118